Devenir
Digital Nomade

DU RÊVE À LA RÉALITÉ !

Jessica Ternier

Ce bouquin est fait pour :

- **Ceux qui sont déjà dans un métier du numérique,** qui pourraient l'exercer à distance mais ont besoin d'un petit coup de pouce avant de sauter le pas. Des conseils pratiques sur le choix des pays, la budgétisation, les outils les plus utiles...

- **Ceux qui ont un métier dans le numérique mais ne peuvent pas encore l'exercer à distance,** afin de connaître les différents statuts qui vous permettent de continuer à exercer votre métier plus librement, les entreprises dans votre domaine qui recrutent en télétravail...

- **Ceux qui veulent faire une reconversion dans un métier du numérique pour devenir nomade,** afin d'en connaître d'abord les avantages et les inconvénients, les possibilités de formations, les types de métiers qui s'exercent le plus en nomade, les entreprises où postuler...

Cet Ebook est un recueil de conseils, témoignages, outils et listes utiles. Comme pour mes autres Ebook, je préfère être dans le pratico pratique, pour que vous ayez les clés en main pour passer à l'action.

Prêt pour le grand saut ? Allons-y étape par étape ensemble ●

Digital Nomadisme... Est-ce fait pour moi ? Tout ce qu'il faut savoir !

Qu'est-ce qu'un digital nomade ?

"Digital nomade" est une expression anglophone dont les deux mots expriment un état d'esprit. Les 'digitals nomads' sont des gens qui adoptent un mode de vie où ils voyagent fréquemment tout en travaillant dans un métier numérique qui ne nécessite qu'un ordinateur et une bonne connexion WiFi. Le nomadisme est fait pour ceux qui :

#1 Aiment les voyages	#8 Sont organisés
#2 Sont ouverts aux autres cultures	#9 Sont responsables /autonomes
#3 Acceptent de sortir de leur zone de confort	#10 Aiment entreprendre
#4 Acceptent l'instabilité géographique et financière	#11 Aiment apprendre de nouvelles compétences
#5 Acceptent d'être loin de leurs proches	#12 Acceptent de travailler plus de 35h
#6 Sont sociables ou prêts à l'être	#13 Sont flexibles sur les horaires
#7 Recherchent l'épanouissement personnel	

Quels sont les avantages et les inconvénients ?

Comme pour tout métier, tout choix de vie… le nomadisme a ses avantages et ses inconvénients. Et c'est à vous de peser le pour et le contre.

À vous aussi de faire les bons compromis pour que votre expérience se passe au mieux : **peut-être commencer par voyager en Europe ? Commencer par trois mois puis on verra ? Partir avec des amis plutôt que seul ?**

Pour vous éclairer dans votre décision, voici les principaux avantages et inconvénients à prendre en compte. Ceux-ci peuvent être plus ou moins vrais en fonction de votre statut (salarié en télétravail, freelance, Entrepreneur).

Les 10 avantages principaux

⬤ **La liberté géographique**
Vous avez une compétence dans le numérique qui peut se faire de n'importe où (ou presque).

🥏 **Vivre dans des lieux qui vous correspondent**
Vous êtes plutôt plage ? Campagne ? Grande ville ? Soleil toute l'année ? Au frais dans le nord ? L'un des plus grands avantages est que vous pouvez choisir des destinations qui vous correspondent.

🔔 **La liberté de choisir ses horaires**
Certains métiers et/ou entreprises permettent de travailler de manière totalement asynchrone; d'autres situations où vous êtes votre propre patron et vous définissez vos propres horaires.

⬤ **Augmenter sa qualité de vie**
Être payé avec un salaire français et en € et vivre en Thaïlande par exemple est un avantage indéniable. Vous pouvez choisir des lieux où votre salaire est bien supérieur à vos besoins quotidiens.

⌛ Gain de temps

Votre temps est votre ressource la plus précieuse. En île-de-France le temps moyen dans les transports pour aller au travail est de 45 minutes alors qu'en tant que nomade il s'agit de se poser dans une autre pièce, descendre d'un étage ou juste traverser la rue.

👤 Être son propre patron

Une grande partie des nomades aujourd'hui sont des entrepreneurs et/ou freelance, qui sont leurs propres patrons. Ils ont la liberté de fixer leurs horaires de travail, leurs objectifs… sans avoir à rapporter à quelqu'un d'autre.

📜 Choisir ses clients & missions

Il faut certes une petite expérience pour choisir ses clients et ses missions. Vous devez d'abord faire vos preuves et les premières fois ne pas être trop exigeants. Mais dès que vous aurez un portfolio bien fourni, quelques recommandations, vous serez dans une meilleure posture pour choisir les gens / projets pour lesquels vous voulez travailler.

🎨 Explorer sa créativité

Pour être indépendant, il faut faire preuve de créativité ! Que ce soit parce qu'une partie du travail en nomade concerne des métiers artistiques (graphiste, UX designer, écrivain), ou parce que, en tant qu'entrepreneur, vous ferez face à des difficultés où il vous faudra innover!

⚱ Développement personnel

Vivre à l'étranger et être simple touriste sont deux expériences bien différentes. En tant que nomade on s'imprègne plus de la culture des pays que l'on visite, on vit la vie locale au quotidien et on fait souvent beaucoup plus de rencontres locales. On apprend mieux à se débrouiller, à savoir ce qui nous plaît ou non, et on sociabilise davantage pour se créer de nouveaux cercles d'amis.

🗺 Aventures et Voyages

L'objectif N°1 quand on part, et qu'il ne faut pas perdre de vue au milieu de tout ce travail: Profiter de la vie locale !

Les 10 inconvénients principaux

🌐 Dépendance à la WiFi

On ne peut pas travailler avec un Wifi instable et jongler avec les plans 4G foireux. Avant de choisir votre pays, regardez bien la connexion Wifi.

🪓 Incertitude des revenus

Surtout quand on est freelance ou entrepreneur, notre rythme de vie va être défini par les contrats que l'on obtient. Cela est surtout difficile et stressant au début lorsque l'on se crée son réseau de clients, que l'on attend d'obtenir ses premières recommandations… L'un des dangers au début est de vouloir dire oui à trop de contrats, être sous l'eau et délivrer des livrables pas terribles, ou pas dans les temps. Prenez le temps de vous <u>créer une bonne réputation</u> au début, <u>n'acceptez pas toutes les missions,</u> et choisissez <u>une cible niche</u> (mais assez grosse pour être rentable) pour être plus rapidement perçu comme un expert dans votre domaine. S'il le faut, lancez-vous dans le freelancing ou entrepreneuriat <u>avant le voyage et partez quand votre situation est plus stable.</u>

👈🤙 Sentiment de solitude

Vous serez beaucoup entourés lors de vos voyages, vous allez faire plein de nouvelles rencontres. Cependant, elles ne remplacent pas les relations avec vos proches et sont parfois éphémères. Et ça, il faut juste le savoir et l'accepter avant de partir...
Vous pouvez aussi ressentir la solitude lorsque vous plongez la tête dans le travail et mettez de côté votre vie sociale de nomade. Prenez le temps de relever la tête et profitez des coworking qui sont conçus pour que les nomades se rencontrent, des événements et des verres organisés autour de vous…

🏠 Ne pas avoir de chez soi

Souvent, on choisit le lifestyle de nomade pour bouger. Un nomade est souvent aussi minimaliste et sa maison... il la porte sur son dos. Sur le long terme, ne pas avoir ses lieux de repères, son confort et ses habitudes peut être perturbant et n'est pas fait pour tout le monde.

◼ Motivation et organisation

Personne ne va réellement vous fliquer si vous êtes à l'autre bout du monde pour savoir si vous avez fait vos heures. Et pire encore, si vous êtes freelance ou entrepreneur, vous ne rendez de comptes qu'à vous-même... et il est parfois facile de se trouver mille excuses…
Un nomade doit être organisé, discipliné et productif. Sinon il ne s'agit plus que d'un touriste dans un coworking.

⧗ On ne compte plus ses heures

Alors qu'en France vos collègues ou vos amis pensent sûrement que vous êtes parti en vacances… Vous êtes devenu un vrai 'workaholic', vous passez plus de temps à travailler que vous l'imaginez. Plusieurs raisons à cela : (1) Vous êtes votre propre patron. (2) Vous êtes passionné par ce que vous faites. (3) Mais aussi parce que les nomades autour de vous bossent beaucoup, vous ne serez jamais le premier arrivé dans le cowork ni le dernier parti. Cela stimule tout le monde à travailler plus. Le train-train français où l'on arrive à 9h30, prendre sa pause café d'une demi-heure, faire un dej de 1h et finir à 18h (je caricature à peine...) ça n'existe pas en tant que nomade.

◂◼ Une bonne communication : la gestion des fuseaux horaires

Si vous travaillez avec des français depuis l'autre bout du monde, sachez que ça sera souvent à vous de vous adapter à leur rythme. Il faut faire aussi attention que ce décalage n'ait pas d'impact négatif sur la communication avec vos équipes. Il existe plusieurs outils de collaboration qui permettent maintenant de pallier cela.

⚘ La lourdeur de l'administration, les questions de visa

Quand on est à l'étranger, les processus administratifs sont plus lourds qu'en France. Il faut penser aux visas, aux impôts, aux taxes, aux assurances, aux banques …. Qui ont toutes des règles particulières en fonction des pays et du temps que vous passez à l'étranger. Afin de ne pas avoir de mauvaises surprises il faut devenir un pro de l'administratif.

◼ Anticiper le retour

Il faut s'y préparer à l'avance, car c'est un changement de vie, comme pour votre départ. Mais encore une fois vous saurez vous y adapter.

Les 11 fausses idées sur le digital nomadisme

#1 - Le nomadisme est un métier à part entière

NON. Le nomadisme est un mode de vie, un état d'esprit et une liberté géographique. Il existe plusieurs métiers qui vous permettent de voyager tout en gagnant votre vie.

#2 - Il faut bien gagner sa vie pour pouvoir s'offrir le luxe d'être nomade

NON. Vous pouvez très bien partir avec peu d'argent sur vous. Il faut juste être stratégique et bien budgéter, choisir ses destinations, le type de 'lifestyle' que vous pourrez avoir en fonction de vos finances. Tout est une question d'organisation !

#3 - Le nomadisme c'est se faire payer pour voyager

NON. Là vous pensez à des métiers comme photographe ou journaliste mais ce ne sont pas des métiers purement digitaux… Le nomade reste une personne qui a un travail non lié à ses voyages, mais qui peut exercer ce travail depuis n'importe où (ou presque). Et donc passer son temps libre à voyager.

#4 - Le nomadisme c'est peu de travail beaucoup de voyages

NON. La grande majorité des nomades fait plus de 35h. Notamment avec des statuts comme freelance ou entrepreneur, on ne compte pas ses heures. Cependant, le fait de vivre en voyageant permet une vraie coupure entre le travail et la vie personnelle quand on ferme l'ordinateur.

#5 - Le digital nomade visite forcément plein de pays et est toujours sur la route

OUI et NON. S'il le veut, il le peut (seule limitation les visas). Certains choisissent de passer plusieurs mois dans le même pays, d'autres de changer de destination tous les mois. Les facteurs les plus impactants sur votre mobilité sont : la flexibilité avec votre travail, vos envies et votre situation personnelle (seul, en couple, famille...)

#6 - Le nomade est totalement libre

NON. Certes le nomade à une plus grande liberté géographique et il est souvent son propre patron. Cependant il a des facteurs à prendre en compte: l'argent, avoir assez de missions pour gagner sa vie, être disponible pour les clients / employeurs, rendre le projet dans les temps, ainsi que les questions administratives : le visa qui peut être limitant.

#7 - Le nomade c'est un peu comme un expatrié

NON. Le contrat d'un expatrié est souvent lié à une zone géographique et ne permet pas la flexibilité recherchée par un nomade.

#8 - Le nomadisme est fait pour les jeunes

OUI et NON. Il est vrai que statistiquement, pour le moment, la communauté de nomades est faite surtout de personnes de moins de 35 ans. Mais cela bouge énormément et la communauté s'élargit rapidement. On voit de plus en plus de + de 35 ans, qui se reconvertissent, partent vivre à l'étranger avec leur conjoint, et même des familles entières qui sont maintenant sur la route !

#9 - Le nomade c'est un geek devant son ordinateur

OUI et NON. La plupart des nomades ont encore des jobs dans le numérique. Cependant, travailler devant un écran ne fait pas de vous un geek non plus. Il faut être capable de savoir couper et socialiser, c'est tout.

#10 - La vie d'un nomade c'est que du rêve

OUI et NON. Oui la vie d'un nomade est une chance et peut en mettre plein les yeux. Cependant, il faut aussi en connaître les inconvénients : être loin de ses proches, bosser sans compter ses heures, l'instabilité financière...

#11 - Être nomade rend plus difficile de trouver un travail dans une entreprise par la suite

NON. C'était peut-être le cas il y a quelques années, mais rien ne prouve que c'est le cas maintenant. De plus, travailler en nomade vous apporte beaucoup de compétences techniques et humaines que vous pourrez mettre en avant lors des entretiens. Comme par exemple l'autonomie, l'organisation, la productivité, la sociabilité, l'adaptabilité à de nouveaux environnements, l'ouverture d'esprit, la prise d'initiatives etc. Si vos futurs employeurs restent bornés à voir le nomadisme comme de l'instabilité ou pas comme un vrai travail car ce n'était pas un CDI, alors peut-être cette entreprise n'est pas faite pour vous, car elle ne correspond pas à vos valeurs et ne répondra pas à vos besoins de flexibilité dans le futur.

Témoignages

"Le voyage n'a donc pas besoin d'avoir un sens ou d'être en perpétuel mouvement." -Clara

"Il faut s'auto-surveiller, se mettre des règles. Car quand tu travailles dans des lieux paradisiaques, avec des milliers d'activités sympas à essayer, il est facile de vouloir juste en profiter…" -Jordan

"Se lancer dans un tel projet avec peu d'argent est possible, pour notre part nous sommes partis à 2 avec moins de 5000€ en poche." -Marie

"Les gens qui veulent travailler pour une boite 100% en télétravail font ce choix de vie car ça leur correspond" -Clément

Alors... Le nomadisme est-il fait pour moi ? La checklist.

Ceci est une liste non exhaustive des questions que vous devriez vous poser pour savoir si le nomadisme est fait pour vous !

Oui/Non	Est-ce que mon travail peut se faire en télétravail permanent ?
Oui/Non	Suis-je assez motivé et organisé pour télétravailler depuis l'étranger ?
Oui/Non	Suis-je prêt à franchir le pas pour rencontrer d'autres personnes et à sortir de ma zone de confort ?
Oui/Non	Suis-je prêt à connaître des moments d'instabilité (emploi du temps, salaire…) ?
Oui/Non	Suis-je prêt à bosser plus si besoin est ? A connaître des périodes de rush ?
Oui/Non	Suis-je prêt à partir loin de mes proches ?
Oui/Non	Suis-je prêt à changer plus régulièrement d'endroit et à devoir me reconstruire des habitudes / un cercle social ?
Oui/Non	Suis-je prêt à quitter mon quotidien ?

Les Status & Métiers d'un Digital Nomade

L'objectif de cette section est de vous montrer que le digital nomade est pluriel. Il s'agit de plusieurs métiers qui peuvent se faire grâce à différents statuts. À vous de choisir le statut qui vous correspond le mieux pour vous lancer dans l'aventure.

Si vous cherchez la sécurité, un revenu fixe, alors je vous conseille le salariat en télétravail. Celui-ci est le statut le moins courant, mais il se démocratise, notamment après la crise sanitaire.

Si vous cherchez plus d'autonomie, que vous voulez travailler à votre compte, alors le freelance ou la création d'entreprise sont une solution pour vous.

Les 3 statuts principaux du digital nomade

▓ Freelance

Définition : travailleur indépendant. Il est son propre patron, n'a pas de lien de subordination. Il peut travailler pour différentes sociétés / différents clients.

Les statuts de freelance :

- Auto-entrepreneur (Entreprise individuelle)
- Entreprise Individuelle à Responsabilité Limitée (EIRL)
- Société par actions simplifiée unipersonnelle (SASU)
- Entreprise Unipersonnelle à Responsabilité Limitée (EURL)

Cas spécial : le Portage Salarial ne consiste pas à créer sa propre entreprise. Le freelance indépendant décroche des missions qu'il exerce ensuite en étant salarié d'une société de portage salarial. Le portage salarial se caractérise par une relation triangulaire entre le freelance, la société de portage salarial et le client.

Formalités : Le freelance doit être enregistré auprès du Centre de Formalités des Entreprises (CFE). Il doit également posséder un numéro SIRET valable. Il est fortement recommandé au freelance de souscrire à une assurance. L'assurance de base la plus populaire est l'assurance responsabilité civile professionnelle (RC Pro).

Formalites Fiscales :

Statut Juridique	Régime Fiscal
Auto-entrepreneur > prestations de services	micro-BNC
auto-entrepreneur > activités commerciales	micro-BIC
EIRL, EURL ou SASU	impôt sur le revenu (IR) ou impôt sur les sociétés (IS)
Portage salarial	impôt sur le revenu (IR)

🔗**En savoir plus >** LegalPlace - Guide devenir auto entrepreneur

💼 **Chef d'entreprise**

Définition : L'entrepreneur qui souhaite concrétiser son projet professionnel en créant une entreprise. L'entrepreneur a plusieurs options pour son choix de statut juridique, qui dépendent notamment du régime social du dirigeant, du nombre d'associés, du mode d'imposition, des responsabilités du dirigeant et des associés, etc.

Les statuts d'entreprises :

- Entreprise individuelle à responsabilité limitée (EIRL)
- Société à responsabilité limitée (SARL),
- Entreprise unipersonnelle à responsabilité limitée (EURL),
- Société en commandite simple (SCS)
- Société par actions simplifiée (SAS),
- Société par actions simplifiée unipersonnelle (SASU),
- Société anonyme (SA),
- Société en commandite par actions (SCA).

Chaque statut a ses propres formalités, assurances et formes fiscales. Pour choisir la bonne structure pour son entreprise, il faut se tourner vers des entreprises spécialisées dans les statuts juridiques comme Legealplace.fr , legalstart.fr, juritravail.com, l-expert-comptable.com, etc.

▪ Salarié en télétravail

Définition :

C'est un employé travaillant pour une seule et même entreprise et qui décide d'exercer son travail à l'étranger.

Les conditions :

Ceci n'est interdit par aucune loi, même le code du travail n'aborde pas le sujet du travail à l'international. Il va donc s'agir d'une négociation entre l'employé et l'employeur.

Pour l'employeur, accepter qu'un employé travaille à l'étranger peut représenter des risques comme des changements dans la couverture sociale de celui-ci, la couverture du matériel professionnel en cas de vol, potentiellement de nouvelles obligations fiscales pour l'entreprise, etc.

Si vous ne tenez pas au courant votre employeur de vos déplacements à l'étranger cela peut être vu comme une faute grave et il y a possibilité de licenciement.

Les statuts pour un salarié à l'étranger :

- **Le détachement** (meilleure option pour un salarié nomade) : le salarié effectue une mission temporaire à l'étranger pour le compte de son entreprise située en France. La durée de détachement varie en fonction des pays d'accueil.

Pays d'accueil	Durées / Conditions
Pays membres de l'EU	Maintien dans le système français de protection sociale. Valables que 12 mois et renouvelables une fois.
Pays membres de l'AELE (Norvège, Islande, Liechtenstein) et Suisse	La durée maximale de détachement est de 24 mois.
Pays signataires d'une convention bilatérale de sécurité sociale avec la France	La durée du détachement peut varier entre 6 mois et 5 ans selon les accords conclus entre les deux pays. ⇒ **Lien Utile**
Pays non-signataires	durée maximale du détachement de 3 ans, renouvelable une fois.

- **L'expatriation** (pas vraiment nomade) : Lorsqu'une entreprise en France envoie un salarié travailler pour une antenne à l'étranger, ou une entreprise tierce. Le salarié reste souvent dans le même pays et ne change pas de pays. Le salarié expatrié n'est plus rattaché au régime de protection français et doit cotiser dans son pays d'accueil.

- **Contrat local** (pas vraiment nomade) : Un salarié recruté en contrat local cotise dans le pays où il est amené à assurer ses fonctions. Les contrats locaux peuvent être plus intéressants pour les entreprises car elles peuvent calculer leurs grilles de salaires par rapport au salaire local, souvent plus bas. Cependant, ce n'est pas la règle, car un contrat local est d'abord une négociation entre le salarié et l'entreprise.

Top 10 des métiers des digital nomades

Allier travail et voyage, flexibilité et revenus, c'est le rêve de beaucoup de gens. Et pour une majorité de métiers dans le numérique cela est possible ! Voici une liste non-exhaustive des métiers exercés par les digitals nomades.

🪵 Développeur Web

Définition : Le métier de développeur consiste à créer, écrire, tester, documenter des sites, des applications ou des logiciels. Le développeur travaille en équipe, le plus souvent avec des clients, des chefs de projet et d'autres développeurs.

Tarif Jour Moyen d'un Développeur en Freelance : 529€*

Exemples :

- Développement de Sites Web

- Développeur No Code

- Développement de logiciels

- Développement de solutions Saas

- Développeur Salesforce

- Cybersécurité

🛍 Ventes / Commerce en ligne

<u>Définition</u> : Ventes de biens ou de services via des sites internet.

<u>Tarif Jour Moyen</u> : Celui-ci varie beaucoup trop d'un métier à l'autre et d'un produit à l'autre pour donner une moyenne.

<u>Exemples :</u>

- Ecommerce

- Dropshipping

- Vente de produits par affiliation

- Vente par téléphone, Skype , Zoom

- Amazon FBA

🌐 Web Marketing

<u>Définition</u> : Le webmarketeur a pour fonction d'augmenter le trafic et les ventes d'un site internet. Au carrefour de plusieurs compétences (web, marketing), le webmarketeur élabore, adapte et met en place une stratégie de communication internet qui répond aux besoins et aux attentes de son entreprise.

<u>Tarif Jour Moyen d'un webmarketeur en Freelance</u> : 435€*

<u>Exemples :</u>

- SEO

- SEA

- SEM

- Community Manager

- Email Marketing

- Growth Hacking

- Traffic Manager

▓ Chefs de Projets & Coach Agiles

Définition : A pour objectif de superviser la bonne exécution d'un projet de A à Z. ... Affecter les personnes compétentes qui prendront en charge une partie du projet. Suivi du planning et gestion du budget. Assurer le lien entre le client et son équipe pendant toute la durée de conception du projet.

Tarif Jour Moyen d'un Développeur en Freelance : 659€*

Exemples :

- Chefs de Projets

- Coach agiles

- Scrum Master

- Product Managers

▣ Consultants

Définition : Le consultant doit apporter une véritable plus-value à l'entreprise, en proposant des solutions aux problèmes que cette dernière n'arrive pas à résoudre en interne ou en l'accompagnant afin d'accélérer son développement.

Tarif Jour Moyen d'un consultant en Freelance : 577€*

Exemples :

- Consultant Marketing

- Consultant Analytics / Business Intelligence

- Consultant Webmarketing

- Consultant SEO

- Consultant Design / Graphiste

- Consultant en Informatique

🎨 Graphistes / Design

Définition : Spécialiste des arts graphiques, c'est-à-dire une personne dont la profession est de mettre sur pied des supports de communication visuelle.

Tarif Jour Moyen d'un graphiste en Freelance : 393€*

Exemples :

- Graphiste
- Web Designer
- Illustrateur
- UX / UI Design
- Designer 3D

👍 Communication / Création de Contenu

Définition : Le créateur de contenu est chargé de créer du contenu pour les différents types de plateformes de communication pour faire passer le message d'une entreprise, attirer et engager des visiteurs en ligne.

Tarif Jour Moyen d'un créateur de contenu en Freelance : 435€*

Exemples :

- Community Manager
- Relation Presse
- Responsable éditorial
- Rédacteur spécialisé SEO
- Copywriter

- Blogueur

- Ecrivain

- Journaliste

- Traducteur

🏛 Finances

Définition :Les métiers de la finance regroupent l'ensemble des activités liées à la recherche de capitaux dans le but d'effectuer une opération économique. Les métiers de ce milieu concernent principalement le traitement de documents financiers ou comptables pour une entreprise. Cette mission est souvent accompagnée d'autres activités liées à la gestion et à l'audit. Dans le milieu entrepreneurial, on retrouve ce domaine d'activité dans trois grands secteurs: la banque, les entreprises et les banques d'affaires.

Tarif Jour Moyen des métiers dans la finance en Freelance : 525€*

Exemples :

- Trader

- Expert Comptable

- Gestion du patrimoine

- Gestion budgétaire

🔲 Administratif

Définition : Ce sont des métiers de support, sur différentes tâches du quotidien, suivant des processus définis. Ce service peut être rendu soit aux clients soit aux décisionnaires d'une entreprise.

Tarif Jour Moyen des métiers dans la finance en Freelance : 195€*

Exemples :

- Assistant Virtuel

- Support Administratif

- Saisies de données

- Assistante Commerciale

🖥 Coach & Professeurs

<u>Définition :</u> Un professionnel chargé d'assister des personnes dans leur entraînement physique ou un apprentissage d'une matière. Son rôle est de partager son savoir, motiver ses élèves, fixer des objectifs et suivre la progression.

<u>Tarif Jour Moyen</u> : Celui-ci varie beaucoup trop d'un métier à l'autre et d'un produit à l'autre pour donner une moyenne.

<u>Exemples :</u>

- Coach de développement personnel

- Coach de santé & Bien-être

- Coach de productivité & Organisation

- Coach en finances Personnelles

- Coach Sportif

- Professeur en ligne de langue

- Professeur en ligne d'une matière (maths, chimie, biologie…)

*Source pour le salaire moyen en freelance : <u>**MALT 'Baromètres des tarifs freelance'**</u>

Témoignages

"Je me suis lancé dans l'E-commerce et le dropshipping alors que je venais du monde de la finance, grâce au web." - Mounir

"J'ai toujours voulu devenir graphiste, j'ai d'abord travaillé pour d'autres dans une agence et je suis maintenant à mon compte." - Zack

"Je suis devenue coach sportif en ligne dû à un changement de vie radical" - Lucie

"Je travaille en tant que Product Owner pour des entreprises étrangères" - Clara

"Je travaille dans le Web Marketing pour une grande entreprise" - Elodie

"Je suis ce que l'on peut appeler une assistante virtuelle, j'ai un poste de support pour une entreprise en ligne" - Marie

"On a une étudiante en langues et un ancien basketteur professionnel qui ont fait le même pari sur le No-Code que nous et qui sont maintenant développeurs chez nous. Il n'y a pas de profil type pour la reconversion, ça peut être des personnes en fin d'étude où des gens qui ont déjà 15 ans de carrière dans un autre métier" - Clément

J'ai un métier dans le digital, mais je suis employé, comment me lancer dans le freelancing pour plus de liberté ?

D'après Eurostat, le nombre de personnes qui se lancent en freelance a augmenté de +32% en 5 ans. Le rythme actuel est d'environ **+50 000** nouveaux freelances chaque année !

Et si on prend en compte tous les indépendants au sens large du terme, donc les sociétés unipersonnelles, freelance à temps partiels... la France compterait plus de 3 millions de travailleurs indépendants.

Comme quoi il y a un vrai attrait et un vrai besoin de ce statut !

Quels sont les avantages et inconvénients du statut de freelance ?

Comme maintenant plus de 53% des français vous voulez vous lancer dans le freelancing ? C'est possible. **Mais attention, ce n'est pas fait pour tout le monde de créer sa boîte et d'être son propre patron.**

Les avantages sont certes très attirants : meilleur épanouissement personnel (vous faites ce que vous aimez, vous êtes plus responsabilisé), cela vous donne la possibilité d'organiser votre temps comme vous le souhaitez, d'être plus performant car plus motivé mais aussi d'augmenter vos revenus (car vous n'êtes plus payé "à l'heure" mais pour "votre talent").

Cependant il ne faut pas oublier que freelance veut aussi dire une moins bonne sécurité de l'emploi, des revenus qui peuvent fluctuer, parfois un moins bon équilibre de vie, un manque de visibilité (vous avez la tête dans le guidon), et beaucoup de gestion administrative à faire soi-même...

Alors… toujours motivé ? Voici les "next steps" pour vous lancer !

I. Choisir le statut juridique adapté à votre activité

On commence par la partie la moins fun, mais obligatoire pour devenir freelance : Les formalités légales.

Elles sont notamment importantes pour obtenir le SIRET, votre enregistrement au registre du commerce et des sociétés, qui vous permet de facturer vos clients.

Comme vu au-dessus, il y a 4 statuts de freelance et un cas spécial.

- Auto-entrepreneur (Entreprise individuelle)
- Entreprise Individuelle à Responsabilité Limitée (EIRL)
- Société par actions simplifiée unipersonnelle (SASU)
- Entreprise Unipersonnelle à Responsabilité Limitée (EURL)
- Le portage salarial : ne consiste pas à créer sa propre entreprise, le freelance indépendant décroche des missions qu'il exerce ensuite en étant salarié d'une société de portage salarial. Le portage salarial se caractérise par une relation triangulaire entre le freelance, la société de portage salarial et le client.

Chaque statut à ses avantages et ses inconvénients, à vous de choisir le meilleur pour votre situation et ce que vous souhaitez faire de votre business.

Statut	Avantages	Inconvénients
Auto-Entrepreneur	Simplicité de la création et pour la cessation Charge sociales peu élevées Franchise de la TVA (pour tout CA en dessous de 34.400€/an)	Chiffre d'affaires plafonné à 72.600€ Faible protection sociale Responsabilité illimitée sur votre patrimoine Aucune déduction des charges Pas de dividendes Impossible de récupérer la TVA sur les achats.
EIRL	Simplicité de la création et de la cessation Charges sociales peu élevées Franchise de la TVA (pour tout CA en dessous de 34.400€/an pour activité de services et 85.800 pour activité de commerce) Responsabilité limitée à votre patrimoine professionnel	Chiffre d'affaires plafonné à 72.600€ Faible protection sociale Aucune déduction des charges Impossible de récupérer la TVA sur les achats dans le cas d'une TVA franchisée.
SASU, EURL	Aucun plafond sur le chiffre d'affaires Responsabilité limitée à votre patrimoine professionnel Déduction des frais professionnels Possibilité de vous associer quand l'entreprise grandit	Gestion du statut plus complexe : obligations juridiques, comptables et sociales Coût de création et gestion plus élevé Pas d'accès au chômage
Portage Salarial	Simplicité de la création Protection sociale classique, comme un salarié Accompagnement administratif, juridique et commercial.	Pas possible pour tous les métiers Coût élevé (prix de la gestion de votre portage + cotisations sociales normales d'un salarié).

En termes d'assurance, la souscription d'une assurance en Responsabilité Civile et Professionnelle de base est recommandée. Celle-ci permet de protéger un freelance des dommages causés aux tiers (corporels, matériels, immatériels). Pour le reste, l'assurance dépend surtout de votre activité et d'où vous l'exercez (chez vous, chez le client…)

2. Se poser les bonnes questions avant de démarrer son activité de freelance

● Business Plan

Vous devez évaluer le potentiel de votre activité et développer un business plan afin d'avoir un projet à succès.

Vous devez vous poser ces 5 questions :

- Qu'est-ce que je vends ?
- Qui sont mes clients ?
- Sur quels canaux je les trouve (Linkedin, Facebook, Youtube, Mag spécialisés, Podcast…)
- À quel prix je le vends ?
- Qu'est-ce qui fait ma différence ?

Faites valider le besoin, votre personae et vos prix par de potentiels clients ou des gens du domaine avant de vous lancer. Cela pourra vous éviter de perdre votre temps. Trop de personnes sont parfois persuadées que tout le monde à besoin de leur produit, que c'est une évidence, et sont surprises quand elles ne font pas de ventes. Ce n'était peut-être pas un bon produit, les bons clients et les bons prix.

Certains guides de growth-hacking peuvent vous aider ici à construire votre business plan comme le "Business Model Canva", le "Pirate Funnel", La "Value proposition Canvas" ainsi que "L'OMTM" proposés par Growth Tribe.

● **Fixer son prix**

Vous avez deux moyens de vous faire payer.

- **Le taux horaire** : Calcul du tarif d'après le nombre d'heures nécessaires à la réalisation de la mission.

- **Le taux journalier** : Il définit votre prix à la journée. On ne compte pas son travail en nombre d'heures, mais en jours.

Il existe des très bon sites qui vous permettent de calculer rapidement votre taux horaire en ligne et des outils comme celui de la BPI qui vous permet d'estimer vos charges.

Pour vous donner une idée de vos prix à la journée, vous pouvez regarder des profils similaires aux vôtres (poste, expérience, offre) sur des grandes plateformes de freelance comme MALT ou UPWORK.

Exemple du calcul taux horaire :

Rémunération souhaitée + charges mensuelles / nombre d'heures facturées dans le mois.
Soit 2000€ + 650€ / 98 = 27€

Si vous êtes **auto-entrepreneur**, il vous faudra **ajouter environ 30 % à votre salaire net idéal** pour couvrir vos charges sociales et fiscales. Si vous avez **un autre statut** (entreprise individuelle, etc.), n'hésitez pas à **doubler la rémunération souhaitée,** les charges diverses représentant un peu moins de 50% du chiffre d'affaires.

Attention !! Votre tarif ne comprend pas les impôts et le temps passé à la prospection, à la communication, aux tâches administratives, etc.

3. Trouver des clients, créer son réseau

◖ Laissez les clients venir à vous

Si vous ne voulez pas passer trop de temps à prospecter, vous pouvez vous inscrire sur des plateformes de freelance et proposer vos services. L'inconvénient principal est que vous êtes face à plein d'autres profils comme le vôtre et que vous avez un rôle passif à attendre des missions.

L'objectif au début est d'obtenir ses premiers clients, faire de bons livrables rendus dans les temps afin d'étoffer son portfolio et d'obtenir des recommandations favorables sur la plateforme. Dès que vous obtiendrez vos premières étoiles / recommandations vous aurez beaucoup plus de chances d'obtenir de nouvelles missions. Aussi, vous pouvez commencer par un mix entre des sites généralistes connus comme Malt, qui attirent beaucoup de trafic, et des sites plus spécialisés dans votre domaine, où il y aura moins de concurrence. Ne soyez pas non plus sur une dizaine de plateformes à la fois, car vous risquez de vous disperser.

Voir le Top 33 des plateformes de freelance sur lesquelles vous pouvez vous inscrire.

Des plus généralistes :

- Malt (■)
- Upwork
- Crème de la Crème (■)
- 5 euros (■)
- Fiverr
- Air Jobs
- Coworkees (■)
- 404Works (■)
- Freelance.com (■)
- Ouiboss (■)
- Guru

Aux profils tech (ingénieur / informatique) :

- Freelance Republik
- Kicklox (■)
- Codeur.com (■)
- Club-Freelance (■)
- Freelance-informatique
- Talent.io (■)
- Amazing Dev
- Le Hibou (■)
- Staffman.fr (■)
- Skillvalue by Pentalog

Aux profils de rédacteurs :

- Redacteur.com (■)
- Wriiters.com (■)
- TextMaster (■)
- Scribbr
- Scribeur (■)
- YouLoveWords (■)

Aux profils de graphistes :

- Graphiste.com (■)
- Creads (■)
- Graphistes Online
- Kang (■)
- Creativ.Link
- 99 Designs

🔊 Trouver ses clients en ligne

La deuxième solution la plus utilisée est d'être proactif et d'aller chercher soi-même des clients en ligne. Trouver des clients en tant que freelance n'est pas toujours évident lorsqu'on ne sait pas où chercher et surtout quand on ne sait pas comment s'y prendre. Il faut avant tout bien connaître sa cible et son besoin et faire des tests pour voir quels biais de communication et ventes marchent et ceux qui ne marchent pas. C'est un apprentissage continu, mais qui peut rapporter gros.

Ici aussi, ne vous dispersez pas. Prenez un ou deux clients plutôt qu'une dizaine, faites bien votre travail et rendez le livrable à temps puis passez au prochain. Beaucoup trop de jeunes freelances disent oui à toutes les missions qu'ils obtiennent, soit parce qu'ils n'osent pas dire non soit parce qu'ils ne veulent pas passer à côté de l'argent, puis ils se retrouvent dépassés. Soit ils rendent des livrables de mauvaise qualité soit ils font un burn-out au bout de quelques mois, dû à une charge de travail trop importante.

Voici quelques conseils essentiels quand vous commencerez la prospection en ligne.

#1 Avoir un site internet

Un site est comme une vitrine d'exposition en ligne de votre offre, vos compétences et vos travaux déjà réalisés (mettre en avant son portfolio ou des études de cas clients), afin de vous construire une image auprès des internautes.

#2 Créer du contenu

Sur votre site internet ou sur vos réseaux sociaux, créer du contenu permet de vous rendre visible sur votre marché. Veillez à créer du contenu utile, éducatif et partageable, pas juste de la promotion pour votre service. Un bon ratio est 80% de contenu éducatif pour créer la curiosité et 20% de contenu promotionnel.

Sur votre site, l'intention grâce au contenu va consister à bien être référencé grâce aux techniques de SEO, pour amener du trafic sur votre site. Sur les réseaux, préférez le contenu viral qui va se partager, renvoyer vers votre site est secondaire.

Les formats de contenu à votre disposition sont divers : posts sur les réseaux sociaux, blogs, articles dans des magazines, vidéos, brochure à télécharger, webinar…

#3 Publier sur les réseaux sociaux

À l'heure actuelle, on entre dans l'ère du numérique. Les réseaux sociaux occupent désormais une place importante dans la communication. Et si certaines personnes se contentent de partager leur vie personnelle, les freelances, eux, s'en servent pour développer leur réseau.

LinkedIn est l'outil ultime de réseautage et de prospection.

- Sur LinkedIn, ayez un profil à jour, mettant bien en avant vos expériences et missions dans votre domaine.

- N'hésitez pas à remplir la partie "À propos" pour vous présenter à votre réseau, mettre en avant les services / offres que vous proposez et vos points différenciants (expériences, coût, niche).

- Rejoignez des groupes qui font sens. Soit des groupes d'intérêt où vous trouverez des profils similaires au vôtre, soit des groupes que suivent vos clients. Être membre de ces groupes permet de suivre l'actualité du domaine et des groupes ciblés où promouvoir votre offre (attention à bien respecter les règles de chaque groupe, certains sont des groupes qui ne veulent pas de "self promotion" il faudra donc éviter).

- Postez sur LinkedIn. De manière régulière (ex : une fois par semaine). Privilégiez le contenu long, éducatif (plutôt que promotionnel) et interactif. Tournez votre post de façon à ce que les gens commentent, aiment, cliquent sur les liens et partagent le post. Sachez que l'objectif de l'algorithme Linkedin est de proposer du contenu intéressant aux internautes pour qu'ils passent plus de temps sur la plateforme. Donc pour vos posts LinkedIn il faut trouver la bonne balance entre avoir un post très informatif et engageant, pour être viral et votre objectif à vous qui est de rediriger ce trafic vers votre site internet par exemple.

Facebook, le réseau social incontournable dû à son nombre d'utilisateurs. Vous pouvez exploiter ce réseau social :

- Afin de rentrer dans des groupes ciblés qui ont les mêmes intérêts que vous pour rester à jour dans votre domaine.

- Rejoindre des groupes qui fréquentent vos clients pour promouvoir votre offre et mieux comprendre votre cible (attention à respecter les règles du groupe, certains n'acceptent pas la "self promotion").

- Avoir une page professionnelle où vous pouvez poster vos actualités et où vos clients peuvent vous contacter. Facebook est un très bon outil de storytelling.

YouTube est un excellent outil de storytelling et de démonstration. Bien souvent, les internautes préfèrent regarder des vidéos plutôt que de lire. YouTube est une excellente plateforme pour :

- Partager votre histoire pour humaniser votre offre.

- Démontrer l'intérêt de votre offre ou service par une vidéo technique ou des témoignages clients.

- Partager votre savoir-faire. Vous êtes sur un marché niche ? Pour attirer de nouveaux clients et en même temps vous faire de l'argent, vous pouvez réaliser des vidéos en donnant des conseils / démos gratuits. Cela va vous permettre d'augmenter votre notoriété sur le sujet. Et si vous avez un compte YouTube pro et assez de vues, gagnez aussi de l'argent et tant qu'influenceur dans un domaine.

Instagram au service de votre expertise. Instagram a surtout du sens pour les personnes dans le monde de la création comme les photographes, les graphistes ou les blogueurs, sur des thématiques comme les voyages ou le fashion. Ces personnes peuvent utiliser Instagram comme vitrine ou portfolio professionnel afin de montrer leur talent. On dit bien qu'une image vaut mille mots.

Slack est un outil de conversations très prisé par les digitals nomades. Vous pouvez demander à rejoindre des communautés qui vous correspondent. Cela vous permet de vous connecter avec vos pairs. Ne délaissez pas ces opportunités de faire partie d'une communauté, de rencontrer d'autres personnes comme vous. Votre réseau est LA manière la plus facile d'obtenir de futurs prospects, ne les voyez pas comme des concurrents. N'hésitez pas à demander de l'aide et à en donner.

#4 Le cold emailing

La clé, pour réussir votre prospection, c'est d'écrire des messages persuasifs adressés aux bonnes personnes.

Le cold mailing, c'est un gain de temps énorme où vous pouvez contacter des dizaines de prospects simultanément. C'est peu onéreux, car il suffit de quelques outils d'automatisation pour décupler vos résultats. C'est une méthode de prospection moins intrusive que le téléphone.

Ce qu'il faut savoir faire pour être bon en cold emailing :

→ Définir votre cible :

Quelles sont leurs entreprises ? Leurs postes ? Sur quelles plateformes les trouve-t-on ? Pour ce faire, vous pouvez utiliser des templates de "Personae" comme cité plus haut pour vous aider à bien définir votre cible.

→ Obtenir leurs contacts :

Afin de construire votre propre liste d'e-mails clients vous avez plusieurs possibilités.

- Sur LinkedIn, filtrez sur les profils qui vous intéressent et contactez les directement via la plateforme. Ou vous pouvez extraire leur contact afin de l'ajouter à votre base grâce à des outils comme Skrapp.io ou Kaspr.io

- Sur le site internet de l'entreprise, les experts sont de plus en plus mentionnés dans des citations en ligne dans certains articles, dans la partie contact ou recrutement du site.

- Dans des articles spécialisés (magazines) ou événements en ligne (webinar) vous trouvez souvent le nom des experts ainsi que leur fonction.

Si vous avez le nom et prénom de la personne ainsi que le nom et site internet de son entreprise, vous pouvez facilement trouver son adresse mail grâce à des outils comme Email extractor (Chrome extension), VoilaNorbert, Hunter.io.

Il existe aussi des outils qui vous permettent de vérifier si l'adresse mail que vous avez existe réellement comme : Neverbounce, Clearout, Zerobounce, et bien d'autres !

→ Faire des campagnes d'e-mails qui marchent

☐ Ayez un objet d'e-mail accrocheur et non vendeur.

☐ Soyez bref dans votre message.

☐ Parlez à votre prospect de ses besoins et non pas de votre offre. L'objectif de votre premier e-mail est de rentrer en relation avec votre futur client et d'obtenir une réponse.

☐ Ne mettez pas d'images ou de format particulier, car cela aura plus de chance de tomber dans les Spams de votre interlocuteur.

☐ N'oubliez pas de relancer ! Votre prospect reçoit plusieurs e-mails par jour et il n'ouvrira peut-être pas votre premier ni même votre second e-mail. Créez toute une séquence d'emails de relance pour l'inciter à vous recontacter. Vous pouvez compter entre 3 à 5 relances.

☐ Essayer l'A/B testing en envoyant un [object + E-mail 1] à 50% de vos prospects et [object + E-mail 2] aux derniers 50% pour voir ce qui marche le mieux.

N'oubliez pas d'analyser les résultats de vos campagnes et de régulièrement les améliorer , testez de nouvelles choses pour voir ce qui marche ou ne marche pas auprès de votre cible: type de message, type de visuel, moment de la journée, etc.

Les metrics auxquels vous devez prêter de l'attention sont le taux de réception de vos e-mails: le taux d'ouverture de votre e-mail, le taux d'action engendré (nombre de clics, appels, réponse à votre e-mail).

Comparez vos statistiques en ligne avec celles de votre industrie, pour voir si vous êtes sur la bonne voie !

➔ Automatiser le tout

Il existe des outils pour automatiser vos campagnes d'emailing (les relances, vos réponses…) comme Drip, ConvertKit, Mailchimp, Mailjet, Reply.io, PersistIQ, etc. À vous de choisir le meilleur en fonction des prix et fonctionnalités que vous recherchez.

#5 Soyez sur des forums

Trouvez sur quels forums votre audience passe le plus de temps. Les forums sont une mine d'or pour comprendre les besoins de vos prospects, car c'est là qu'ils vont se confier, poser toutes leurs questions, avoir besoin de l'aide d'un expert.

Donnez des conseils gratuitement. Cette aide gratuite vous permettra de gagner en notoriété et de plus tard convertir cette personne que vous avez aidée en client.

#6 Participez à des événements

Que ce soit en physique ou en virtuel (ex : webinar) essayez de rencontrer vos clients pour partager avec eux. Votre objectif n'est pas de vendre votre produit ou service dans un premier temps, mais de bien comprendre leurs besoins, d'élargir votre réseau et de vendre votre personne (être vu comme un expert dans votre domaine, créer des liens forts avec les gens…) pour plus tard pouvoir les relancer et proposer votre offre.

Ne soyez pas un loup solitaire. Les événements vous permettent aussi de rencontrer des gens qui font la même chose que vous. Et pas forcément des clients. Ne délaissez pas ces opportunités de faire partie d'une communauté. Le réseau est LA manière la plus facile d'obtenir de futurs prospects. Par exemple, si un autre freelance n'a pas le temps de s'occuper d'un nouveau client, ou que ce sont des montants trop petits pour lui, il pourra rediriger ce client vers vous si vous avez plus de temps ou pour vous aider à vous faire la main.

Vous trouverez des événements pour les freelance sur des groupes Facebook, Linkedin, Slack ou d'autres sites comme Coworkees, EventBrite, Les salons des entrepreneurs(événement physique une fois par an) , Go Entrepreneur(événement physique une fois par an).

#7 Le bouche à oreille ça compte !

Il s'agissait d'un outil marketing très puissant bien avant l'arrivée d'internet. Mais son impact a été démultiplié à l'heure du numérique. Les freelances peuvent utiliser le digital en leur faveur, pour se faire connaître et se construire une e-réputation. Et cela est totalement gratuit.

Une entreprise ne recommandera jamais un freelance moyen, seulement s'ils ont eu une bonne expérience. Veillez à satisfaire vos clients d'aujourd'hui avec un livrable impeccable et un bon savoir-être. un freelance ne vend jamais que son travail mais aussi sa personne : personnalité, professionnalisme...).

N'hésitez pas en fin de mission à demander des retours d'expériences pour vous améliorer et des recommandations écrites à mettre en avant sur votre site internet ou profil freelance (ex : sur Malt).

#8 Avoir un bon kit de démarrage

- Ayez sous la main quelques cartes de visite avec vos informations professionnelles pour ne rater aucune occasion.

- Ayez un portfolio de vos dernières réalisations. Que ce soit sur votre propre site internet, instagram, youtube, Pinterest, sous format PDF, ou sur des sites comme Behance, Adobe portfolio, Dribble, Folio Link, etc

- Ayez une adresse mail pro que vous regardez régulièrement.

- Soyez à jour sur les actualités et les compétences demandées dans votre domaine.

4. Obtenir des aides financières en tant que freelance

Certaines activités freelance demandent un minimum d'investissement au démarrage. Pour se faire financer, l'indépendant qui se lance se heurte souvent au refus des banques en matière de prêt bancaire.

Pour pallier cela, l'État met en place des prêts spécifiques aux créateurs d'entreprise.

- **L'ACRE** (L'aide aux créateurs et repreneurs d'entreprise): une exonération, sous certaines conditions, partielle des cotisations sociales pendant un an lorsque vous créez une entreprise individuelle ou une société.

- **L'ARCE** (aide à la reprise ou à la création d'entreprise): aide attribuée par Pôle Emploi. Pour en bénéficier, vous devez bénéficier de l'allocation d'aide au retour à l'emploi (ARE) et avoir obtenu l'ACRE. Cette aide consiste à recevoir 45% de vos allocations chômage sous forme de capital.

- **L'ARE** (Aide au retour à l'emploi) : Vous pouvez continuer à toucher partiellement vos allocations ARE après avoir créé votre entreprise. Toutefois, si vous touchez un salaire, Pôle Emploi déduira 70% du montant brut de vos allocations ARE. Pour toucher cette aide, vous devez chaque mois continuer à actualiser votre situation auprès de Pôle emploi.

- **NACRE** (Nouvel accompagnement pour la création ou la reprise d'entreprise): programme d'accompagnement public qui relève de la compétence des régions. Cela permet aux entrepreneurs souhaitant créer ou reprendre une entreprise de bénéficier d'un accompagnement pour monter et financer son projet pendant une durée de trois ans.

- **L'ADIE** (association pour le droit à l'initiative économique) : spécialiste des micro-crédits aux entrepreneurs et freelances.

Il existe bien d'autres aides de financement et d'accompagnement que vous pouvez retrouver sur le site BPI France Création. La Bpifrance offre un accompagnement et des solutions financières aux nouveaux freelances afin de les aider à commencer leur activité.

Je n'ai pas de métier dans le numérique mais j'aimerais faire une reconversion pour devenir nomade, comment faire ?

80 000, c'était le nombre d'emplois à pourvoir en informatique rien qu'en 2018. C'est aussi le nombre minimum de recrutements dans le numérique d'ici à 2020. De quoi se faire une place au soleil !

Cependant, si l'univers du digital propose des métiers pour tous les goûts et dans tous les secteurs d'activité, cela ne veut pas dire qu'il s'adresse à tous les profils. Une des particularités du web est qu'il évolue constamment. En ce sens, il est primordial, si l'on souhaite exercer un métier du digital, d'aimer le changement. Il faudra également savoir apprécier le travail en équipe, car le développement d'un projet digital requiert l'implication de plusieurs personnes.

Une grande curiosité est aussi une des qualités essentielles à avoir. S'intéresser au monde du digital et le comprendre sous tous ses aspects, c'est aussi la garantie de pouvoir tenir en perpétuel changement. Pour les mêmes raisons, l'agilité est une compétence très appréciée : il faut pouvoir s'adapter à chaque situation et profil rencontrés. La créativité, l'ouverture d'esprit et le sens de l'organisation sont également des "soft skills" appréciables.

I. Choisir un métier

Pour choisir un métier dans le numérique, il faut savoir ce que vous aimez faire, et ce en quoi vous êtes bon. Êtes-vous plus tech et aimez le code ? Doué avec les mots et vous aimez la communication ? Vous aimez mener des projets avec des équipes ? Ou avez-vous des talents d'artiste que vous pouvez mettre à profit ?

Les métiers dans le digital sont pluriels et pour bien choisir sa voie il faut comprendre quels sont les principaux métiers, les salaires à la sortie, les opportunités de progression et les formations à suivre.

● Les métiers techniques du digital

Véritables architectes du web, les profils techniques se retrouvent au cœur de l'écosystème digital. Ils englobent toute l'infrastructure des sites web et interviennent à chaque étape de leur vie : de leur conception à leur mise à jour en passant par leur développement.

Des métiers qui manipulent la data, tels que le data analyst, l'architecte big data ou encore l'ingénieur DataOps.

Compétences principales :

• Langages informatiques exploités (HTML/ CSS, JavaScript, Python, PHP, C#, etc.),

• Un esprit de synthèse et un sens de la logique accru,

• Une fibre pédagogique, afin de pouvoir expliquer des détails techniques à des collaborateurs intervenant sur d'autres pôles.

Salaires

Métiers	Junior (0-2ans)	Confirmé (4-8ans)	Sénior (8-+ans)
Développeur back-end - Node.Js	43 000 €	57 000 €	65 000 €
Développeur front-end - Java	45 000 €	54 000 €	75 000 €
Développeur full stack	40 000 €	48 000 €	58 000 €
Développeur mobile	42 000 €	53 000 €	62 000 €
Data scientist/Engineer	46 000 €	60 000 €	75 000 €

Source : analyse d'Urban Linker sur plus de 700 profils répartis dans le domaine de la tech en Île-de-France (Blog Du Modérateur PDF 'guide orientation des métiers digital 2021.pdf')

🏛 Les métiers du marketing digital

De manière globale, les métiers liés au marketing digital couvrent l'ensemble du parcours client qui s'effectue désormais aussi voire surtout sur Internet. La multiplication des canaux, des supports, des outils et des disciplines font qu'aujourd'hui le webmarketing propose une très grande variété de métiers.

Certains profils se dirigeront vers l'analyse des données (business analyst, growth hacker, data scientist, etc.), tandis que d'autres se concentreront sur l'apport de valeur (responsable CRM, social media manager, responsable éditorial, traffic manager, SEA…). Ces métiers incluent également une dimension commerciale, puisqu'ils prennent en compte une dimension budgétaire et une analyse des Key Performance Indicators (KPI).

Marketing stratégique

• Une bonne connaissance des comportements de sa cible sur le web,

• Des connaissances techniques liées au webmarketing et à ses outils (CRM, plateformes sociales, CMS, référencement…),

• Une aisance avec les chiffres, maniés au quotidien (budget, trafic, taux de conversion…)

• Une appétence pour la recherche et l'exercice de veille stratégique,

• Une capacité d'écoute, d'analyse et de synthèse.

Marketing Opérationnel

• Disposer d'une bonne culture web et d'une maîtrise parfaite des nouveaux médias, indispensables pour rester innovant,

• Avoir un esprit créatif, pour proposer des contenus engageants,

• Faire preuve de réactivité, afin de gérer l'e-réputation d'une marque et de décrypter de nouvelles tendances,

• Disposer d'une aisance avec les chiffres, utilisés au quotidien pour analyser les actions mises en place,

• Avoir de bonnes capacités rédactionnelles,

• Être curieux, à l'écoute et faire preuve d'adaptabilité.

Salaires

Métiers	Junior (0-2ans)	Confirmé (4-8ans)	Sénior (8-+ans)
Chef de projet digital	30 000 €	38 000 €	45 000 €
Responsable communication et marketing	35 000 €	40 000 €	55 000 €
Growth manager/Growth hacker	35 000 €	50 000 €	60 000 €
Responsable CRM	35 000 €	37 000 €	50 000 €
Community manager	30 000 €	35 000 €	47 000 €
Responsable SEO	36 000 €	48 000 €	60 000 €
Traffic manager	36 000 €	43 000 €	58 000 €

Données : analyse d'Urban Linker sur plus de 700 profils répartis dans le domaine de la tech en Île-de-France (Blog Du Modérateur PDF 'guide orientation des métiers digital 2021.pdf')

● Les métiers créatifs du digital

Offrir la meilleure expérience aux consommateurs lors de la visite d'un site web ou d'une application. Le webdesigner aura pour tâche de concevoir le design graphique d'une page ou d'un site web, en ayant une vision d'ensemble du produit final. L'UX designer quant à lui est chargé de rendre l'expérience utilisateur la plus agréable possible en travaillant sur l'ergonomie d'un site Internet ou d'une application. Parallèlement, l'UI designer se concentrera sur l'amélioration des interactions entre un internaute et le produit. Côté marketing, le designer graphique joue un rôle majeur dans la création de l'identité d'une marque. De la conception d'un logo à la création de sa charte graphique, le graphiste donne vie aux valeurs de l'entreprise. Les créatifs auront également en charge l'élaboration de contenus comme des infographies (métier d'infographiste multimédia), des illustrations et dessins (métier d'illustrateur) ou encore des vidéos animées (monteur vidéo, animateur 3D, motion designer…).

Compétences principales :

• Une maîtrise des logiciels de PAO et notamment la suite Adobe (Photoshop, Illustrator, InDesign, Premiere Pro…),

• Une facette commerciale pour réussir à comprendre les besoins de l'entreprise ou d'un client,

• Une grande créativité et un sens de l'esthétisme,

• La rigueur et l'organisation pour respecter les délais.

Salaires

Métiers	Junior (0-2ans)	Confirmé (4-8ans)	Sénior (8-+ans)
UX/UI designer	35 000 €	45 000 €	55 000 €
Graphiste offline/online	28 000 €	37 000 €	N/A

💼 Les métiers transverses dans le digital

Avec l'avancée des technologies, l'environnement digital devient pluridisciplinaire et gomme peu à peu les frontières entre les différents métiers exercés. Pour faire face à cette mutation, les entreprises sont de plus en plus demandeuses de profils aux compétences transverses. En ce sens, le chef de produit devient un véritable traducteur entre le pôle technique, le pôle marketing et le pôle créatif. Agissant comme un chef d'orchestre, il dispose de connaissances dans tous les domaines afférents au web et intègre une vision commerciale au développement d'un produit. Une dimension managériale est également à prendre en compte, avec de la gestion de projet, de budget et d'équipe.

Si vous hésitez encore, vous pouvez faire des tests d'orientation en ligne (ex : l'étudiant, Studyrama, Talents du numérique, Diplomeo).

2. Les différentes options de formation

🎓 Les formations en physique

L'objectif de ces formations est d'acquérir des compétences solides et approfondies sur des cours fondamentaux. Il s'agit de formations qui durent plusieurs années et qui se font en physique dans des écoles (ingénieurs, commerces, universités).

Ces formations sont utiles surtout pour ceux qui cherchent leur formation supérieure après le BAC ou des personnes qui cherchent une reconversion professionnelle, mais qui sont prêtes à retourner à l'école traditionnelle.

Voici quelques exemples de formations initiales dans le numérique :

Ecole	Domaine
Polytechnique	Ecole d'ingénieur
CECI	Ecole d'ingénieur
L'INSA	Ecole d'ingénieur
Institut Mines Télécom	Ecole d'ingénieur
EPITECH	Ecole d'informatique
Ecole 42	Ecole d'informatique
Simplon.co	Ecole d'informatique
Université de Bordeaux	Formation Numérique générale
CyTech	Formation Numérique générale
Ecole des Gobelin	Ecole de graphisme
L'ENSAD	Ecole de graphisme
Université Lumières, Lyon 2	Université de Communication

🌐 Les formations en ligne

Elles se sont développées en parallèle dans une double optique de mise à jour des compétences et de reconversion professionnelle. Ce sont des formations souvent plus courtes, qui peuvent se faire à distance et qui sont mises à jour plus régulièrement. Cela permet de s'adapter aux nouveaux outils développés et de rester au fait.

Ces formations peuvent être utiles pour les personnes en reconversion ou qui souhaitent approfondir leurs connaissances.

Les formations en ligne délivrant des diplômes reconnus par l'état :

A la fin de votre cursus et après avoir passé les examens validant vos compétences, vous obtenez un diplôme reconnu par l'état qui vous sera très utile sur le marché du travail. Si vous n'avez pas encore d'expérience dans le numérique, suivre une formation diplômante plutôt qu'une certification non reconnue permet un meilleur démarrage.

Top 4 des formations continu reconnues par l'état :	
Ecole	**Domaine**
Global Knowledge	Formation Numérique générale
Ecole 404	Formation Numérique Technique
Open Classroom	Formation Numérique générale
ORSYS	Formation Numérique générale

Les formations en ligne délivrant des certifications reconnues dans votre secteur :

Les certifications MOOC (Massive Open Online Courses) ne sont pas diplômantes, donc elles ne remplacent pas les diplômes délivrés par l'État mais viennent s'y ajouter. Elles sont très utiles pour rafraîchir ses connaissances dans son domaine, se spécialiser et avoir un petit plus sur son CV.

Top 5 des plateformes de MOOC les plus reconnues :
Udemy
EDX
Coursera
Khan Academy
Fun MOOC

Les plateformes citées ci-dessus sont des plateformes proposant une panoplie de cours dans le digital, souvent en partenariat avec des grandes universités / écoles.

Grandes écoles proposant des formations payantes en ligne certifiantes :

Celles-ci ne vous donnent pas toute la renommée de l'école ni son réseau mais sont tout de même appréciées par les recruteurs qui les trouvent fiables et une belle preuve de détermination et de curiosité de votre part.

3 exemples de formation par des écoles :
ESCP - Management de l'innovation
HEC - Transformation Digital
ESSEC - Méthode agile

Des entreprises qui vendent des formations dans les domaines dans lesquels ils sont spécialisés:

Ce ne sont pas des écoles ici qui interviennent mais plus des pros dans leurs domaines. On pense notamment à

Top des formations en ligne vendues par des entreprises:
L'Antichambre de Germinal
Growth Tribe
Datacamp
Edaa

Vous pouvez aussi demander conseil à des communautés dans le domaine que vous souhaitez exercer. Exemple: vous voulez devenir graphiste, rejoignez des groupes Facebook, Linkedin, Slack… de graphistes et demandez par message aux gens ou via un post quelles sont les meilleures formations pour débuter ?

■ **Des outils de reconversion d'état**

- **le GEN** (Grande école de numérique) : lancé par le gouvernement et coordonné par Pôle Emploi, qui regroupe 750 formations partout en France. Ce sont des formations gratuites, pensées pour les personnes les plus éloignées de l'emploi, et qui n'ont aucune notion à la base en informatique. Les trois-quarts de ceux qui ont terminé l'une de ces formations ont été embauchés, parfois même en CDI. D'autres ont poursuivi des études et même 8% ont créé leur entreprise. Ces formations durent en moyenne sept mois.

- **Pôle Emploi** : qui a mis en place tout un nombre d'initiatives pour lutter contre la fracture numérique, en proposant des outils innovants pour aider les personnes à se réorienter, monter en compétences dans le digital via des vidéos. Pôle Emploi a étoffé son nombre d'offres dans le digital sur pole-emploi.fr .

- **Diplomeo** : qui a un outil de recherche pour trouver la bonne formation pour vous en fonction, soit de votre diplôme visé, soit de votre région, ou le domaine qui vous intéresse.

- **Le RNCP** : le Répertoire National de la Certification Professionnelle permet de répertorier toutes les formations et tous les titres certifiés par la CNCP (Commission Nationale de la Certification Professionnelle). Ces diplômes sont reconnus par l'État et ont donc une grande valeur sur le marché du travail.

Témoignages

"J'ai appris mon nouveau métier grâce à des vidéos youtube, des livres et des rencontres de gens du domaine " - Jordan

"J'ai me suis reconvertie grâce à une formation d'art appliqué en ligne où l'on apprend à son rythme mais où le diplôme est quand même reconnu par l'Etat" - Aurélie

"J'ai appris mon métier en le pratiquant et en passant d'élève à maître" - Lucie

"J'ai fait le parcours classique d'une école de commerce" - Elodie

"L'entreprise pour laquelle je travaille s'est chargée de ma formation" - Marie

3. Les aides à la formation dans le numérique

Il existe plusieurs aides disponibles pour se former dans un métier du numérique et de nombreuses sont nées durant la crise sanitaire. Il est bon de les connaître car le financement est parfois l'une des raisons pour lesquelles on ne se lance pas dans une reconversion professionnelle.

Le CPF : Compte personnel de formation

Est un droit à l'évolution professionnelle dont dispose chaque travailleur. Il se concrétise par des droits de formation comptabilisés en euros pour une activité professionnelle et en heures pour une activité d'agent public. Il est alimenté à hauteur de 500€ par année de travail (ou 800€ pour les personnes faiblement diplômées) dans la limite d'un plafond total de 5000€ (ou 8000€ pour les faiblement diplômés). Vous pouvez consulter votre solde CPF et l'activer sur le site "**mon compte formation**" du gouvernement.

Le TP : Transition Professionnelle

Ce dispositif permet à un salarié de s'absenter de son poste pour suivre une formation afin de changer de métier. Le salarié est rémunéré pendant toute la durée de sa formation. Vous pouvez retrouver plus d'informations sur les "**transitions pro les dispositifs**" du CPD pour les transitions professionnelles.

L'AIF : L'aide individuelle à la formation

Est une aide de Pôle Emploi réservée aux demandeurs d'emploi pour financer les frais pédagogiques d'une formation. Le montant de l'AIF doit être équivalent au coût de la formation sans pour autant dépasser 8 000 euros. Vous pouvez retrouver plus d'informations sur le site "**mes aides financières**" sur pôle emploi.

Financer sa formation grâce aux Régions

Les Régions peuvent financer une partie de votre formation. Ces aides sont un complément facilitant le retour, l'accès ou le maintien en emploi. Le montant des aides peut aller jusqu'à 5000 €. À vous de vous renseigner auprès de vos régions / mairies sur ces aides.

Si l'action de formation est conventionnée par Pôle Emploi, vous pouvez percevoir une rémunération tout au long de votre formation. Pour convenir de cela, il vous faut vous rapprocher d'un conseiller Pôle Emploi.

Pour plus ample information (panel de plus de 20 aides), vous pouvez faire le quiz du gouvernement sur la plateforme "**1 jeune 1 solution**" qui vous permettra d'en savoir plus sur votre éligibilité à des aides supplémentaires.

Je ne sais pas quelles sont les entreprises qui recrutent en télé-travail. Où les trouver ?

Les 6 sites reconnus

Des sites spécialisés pour les télétravailleurs en passant par les sites de recherches d'emplois bien implantés… Tout le monde se lance sur le créneau "télétravail" qui est en forte hausse. Certaines entreprises ont vu la tendance arriver bien en amont, c'est-à-dire pré-Covid, et ont lancé des plateformes niches, dédiées au "remote workers." Ces plateformes vont souvent plus loin qu'un simple listing de jobs ou d'entreprises, ce sont des plateformes donnant accès à des communautés de digital nomades, des conseils pour se lancer, etc. Cependant dans leurs listings ils attirent souvent des petites voire moyennes entreprises plutôt que des grands groupes.
Pour les sites d'emplois déjà bien implantés, ils n'ont eu qu'à rajouter l'option télétravail, et beaucoup l'ont fait par besoin d'adaptation durant le Covid. Cependant la plupart des grands groupes continuent d'utiliser ces plateformes, qu'ils connaissent bien, pour poster leurs offres à distance, plutôt que des sites nichés.
Donc lors de vos recherches je vous conseille de bien surveiller les 2 types de plateformes pour vous donner un maximum de chance.

#1 Remotive.io

Un précurseur ! Une plateforme française créée en 2014 qui répertorie les entreprises et les jobs disponibles pour les "remote workers." Parcourez plus de +10,000 entreprises qui embauchent à distance sur un des plus grands répertoire d'entreprises ouvertes au télétravail. Cette plateforme se veut aussi être une communauté de digital nomades avec un "Slack community", payant, mais qui vous permet de vous connecter à des gens qui ont déjà passé le pas !

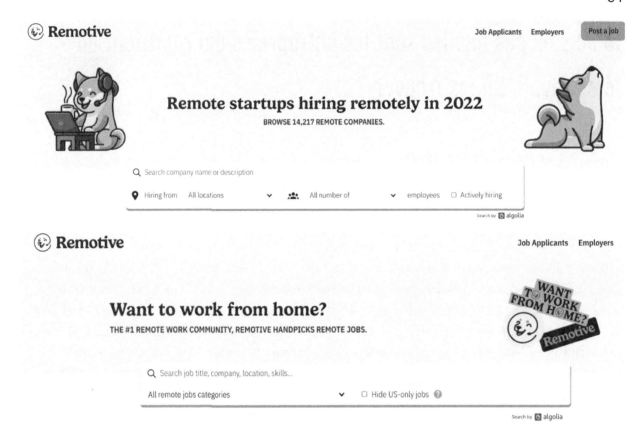

#2 We Work Remotely

Liste de 100 entreprises, la plupart sont des start-ups américaines, connues pour engager leurs employés en télétravail, peu importe où ils se trouvent dans le monde !

WWR°

Categories   Community   Job Seekers   Employers   🔍   Post a job

Top 100 Remote
Companies Hiring

Our Top 100 Companies list is a sequential list of global companies that have the most experience hiring remote workers. These are companies that have posted the most job listings since the inception of We Work Remotely, and therefore have their own processes, procedures and are generally experts in distributed teams.

Long story short -- these folks know how to hire and maintain remote workers.

Looking to hire remote?

Post a job

#3 Remoters

Une entreprise espagnole, qui vous propose de trouver l'emploi de vos rêves. Commencez à travailler en tant que nomade grâce à un répertoire de jobs où il est possible de travailler "Anywhere in the world." Remoters a interviewé des digital nomades sur leurs expériences ce qui est une bonne source d'inspiration. Le site répertorie aussi des options de "Coloving" dans des pays très prisés comme la Thaïlande, les Philippines, le Portugal, la Grèce… pour rejoindre des communautés directement sur place !

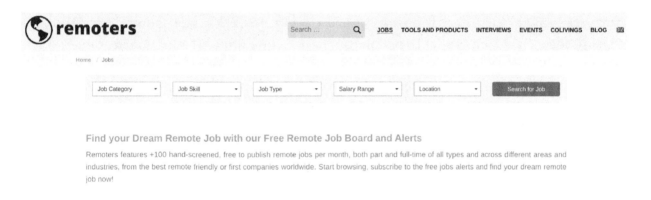

#4 Welcome to the jungle

Décidément les français sont actifs sur le sujet ! Voici une autre plateforme française lancée en 2014, qui se place aussi sur le créneau "option télétravail." Au départ, Welcome To The Jungle surfait plus sur le créneau "équilibre de vie entre le travail et la vie perso." Cette plateforme est un puits d'informations sur les entreprises et leurs informations clés que vous aurez du mal à trouver ailleurs, comme : leurs valeurs, leurs engagements et leurs équipes…

#5 Linkedin

Récemment Linkedin à ajouté à son moteur de recherche de jobs l'option "On Site / Remote" qui permet aussi aux entreprises de spécifier leurs attentes à ce sujet, et de mettre en avant celles qui sont les plus flexibles ! Car on sait bien aujourd'hui que pour la plupart des emplois dans le digital, la flexibilité sur la localisation est vue comme un des avantages, même parfois un des critères principaux des recherches de postes.

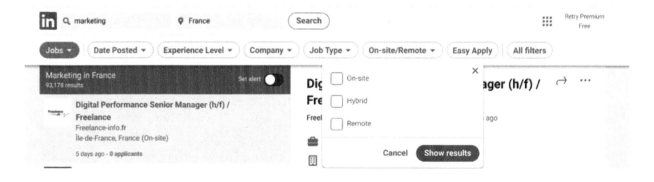

#6 Indeed

Indeed s'y met aussi ! Il est possible de filtrer les emplois disponibles en télétravail en rentrant cette option dans le champ "Où?."

Listes de 25 entreprises françaises qui recrutent en télétravail

Voici une liste de 25 entreprises françaises qui proposent des postes en télétravail complet (certains ont une limite géographique d'autres non). Il en existe bien sûr beaucoup d'autres qui le proposent et la liste continue de grandir car c'est un avantage important pour leurs employeurs et employés quand cela peut être proposé.

Nom de l'Entreprise	Domaine D'activité	Fondé En	Taille Entreprise
OnFlash	Développement d'Applications	2019	Start Up (<50 employés)
Evodev	Développement d'Applications	2019	Start Up (<50 employés)
Manadge	Marketing & Publicité	2019	Start Up (<50 employés)
StairWage	Finance	2020	Start Up (<50 employés)
AlumnForce	Software	2008	Start Up (<50 employés)
O'Clock	Education	2016	Petite Entreprise (<150 employés)
Ecotree	Développement Durable	2015	Petite Entreprise (<150 employés)
AssessFirst	Ressources Humaines	2002	Petite Entreprise (<150 employés)
Heetch	VTC	2013	Petite Entreprise (<150 employés)
HiveBrite	Software	2015	Petite Entreprise (<150 employés)
Platform.sh	Développement d'Applications	2010	Petite Entreprise (<150 employés)
FairMoney	Finance	2017	Petite Entreprise (<150 employés)
Luko	Assurance	2016	Moyenne Entreprise (<500 employés)
PeopleDoc	Ressources Humaines	2007	Moyenne Entreprise (<500 employés)

Dailymotion	Divertissement	2005	Moyenne Entreprise (<500 employés)
Mirakl	Internet	2012	Moyenne Entreprise (<500 employés)
Allan	Assurance	2016	Grande Entreprises (>500 employés)
Stuart	Supply Chain	2015	Grande Entreprises (>500 employés)
Deezer	Divertissement	2007	Grande Entreprises (>500 employés)
Dataiku	Big Data	2013	Grande Entreprises (>500 employés)
Le BonCoin	E-Commerce	2006	Grande Entreprises (>500 employés)
BoondManager	Software	2009	Grande Entreprises (>500 employés)
Open Classroom	Education	2013	Grande Entreprises (>500 employés)
Didomi	Software	2017	Grande Entreprises (>500 employés)

Je suis décidé à partir ! Quelles sont les étapes à suivre ? Par où commencer ?

Voici les différents points que nous allons aborder pour bien préparer votre départ en tant que digital nomade.

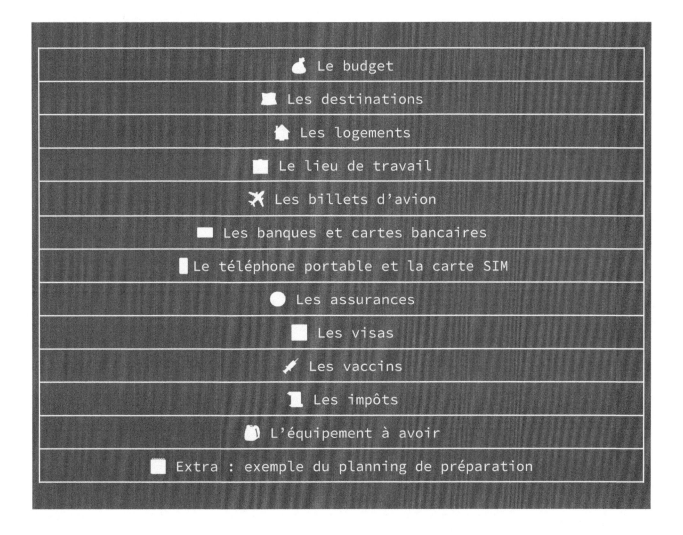

- Le budget
- Les destinations
- Les logements
- Le lieu de travail
- Les billets d'avion
- Les banques et cartes bancaires
- Le téléphone portable et la carte SIM
- Les assurances
- Les visas
- Les vaccins
- Les impôts
- L'équipement à avoir
- Extra : exemple du planning de préparation

Définir son budget

Que ce soit en tant que sédentaire ou nomade, les postes de dépenses sont les mêmes : logement, transport, nourriture, activités...

Mais c'est le montant pour chacune des catégories qui va changer.

La plupart du temps, les nomades choisissent des pays moins chers que la France. De plus, le nomadisme permet de s'adapter en cas de baisse de revenu, en prenant un logement moins cher, en réduisant les activités, ou en préférant un pays moins cher par exemple.

Quels sont les postes les plus chers, moins chers, ou qui sont équivalents en nomadisme ?

Les coûts les plus chers en tant que nomade :

Les transports. Il faut prendre en compte les avions et les déplacements sur place (entre l'aéroport et votre logement, vos activités sur place, vers vos prochaines destinations…) c'est un coût qui est difficile à éviter et à réduire.

Les coûts qui peuvent être équivalents en tant que nomade :

La nourriture. Enfin, tout dépend... Vous sortirez sûrement plus manger dehors mais la nourriture coûte moins cher.

Les activités. Vous allez vouloir profiter et vous avez raison, mais cela peut revenir plus cher que votre quotidien en France.

Cependant, ce sont deux postes de dépenses très flexibles que vous pouvez faire varier en fonction de votre budget ! Si vous avez un mois plus difficile, vous mangerez sûrement moins dehors et ferez moins d'activités.

Les coûts qui sont plutôt moins chers en tant que nomade :

En tant que nomade, le prix du loyer peut dans certains cas être égal ou plus cher que celui de Paris, mais il prend tout en compte, alors qu'en France il faut souvent ajouter l'internet, l'électricité, le chauffage, l'eau, la taxe d'habitation et parfois même le mobilier si le lieu n'est pas meublé. Toutes ces dépenses sont généralement comprises dans votre logement de nomade.

Quelles sont les dépenses types en France ?

Dans ce tableau vous retrouverez les dépenses typiques d'une personne de 25 ans vivant à Paris dans un 30m2 dans le 2ème arrondissement.

	Coût Mensuel	
Loyer *(pour 1 personnes)*	600	
Internet	17	✖
Électricité et Chauffage	30	✖
Assurance	12	✖
Charges	60	✖
Taxe d'habitation	22	✖
Courses de nourriture	250	
Restaurants / Verres	400	
Loisirs (activités, shopping, sport)	150	
Santé	80	
Transport (Pass Navigo toutes zones)	75	✖
Abonnement mensuel (Téléphone, Netflix, Spotify...)	50	

TOTAL = 1746€ dont 43% est dû au logement.

Toutes les dépenses liées au logement sont calculées pour une personne.

✖ = Cash back. Les dépenses que vous n'aurez pas en tant que digital nomade.

Quels sont les principales dépenses en tant que nomade ?

Voici les principaux postes de dépenses à prendre en considération lorsque vous faites vos calculs.

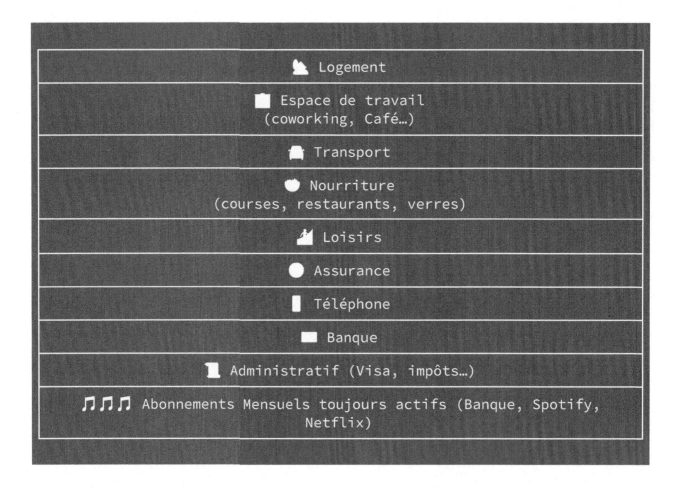

Pour conclure sur l'estimation du coût de la vie, pour établir un budget, il est difficile de vous donner des estimations précises, car elles vous sont propres. Elles sont fonction de vos destinations, de votre style de vie et de votre situation relationnelle.

A vous donc de faire vos propres estimations en fonction de vos plans. Pour faire vos estimations, je vous conseille de vous baser sur ces deux sites **Numbeo - Cost of Living**, (très bien fait, où vous pouvez estimer vos dépenses de manière détaillée pour chacun de vos postes, et même comparer le coût de la vie pour différentes destinations.) ; **Nomad List** (la bible de la bible, que je cite plusieurs fois dans ce Ebook, qui permet de connaître, par ville, les coûts sur les principaux postes de dépenses, et bien plus encore !).

Combien d'argent faut-il prévoir pour avoir un filet de sécurité ?

Encore une fois, cela va dépendre de vos destinations, votre style de vie, votre situation relationnelle et surtout de votre statut de nomade.

Si vous êtes un salarié en télétravail, alors vous savez quel montant va rentrer tous les mois; vous êtes stable et donc le risque est minime. Dans ce cas, il est bien d'avoir 2-3 mois de visibilité financière pour votre départ. Les premiers mois sont ceux qui coûtent le plus cher, avec les avions, les transports depuis l'aéroport, les premiers logements et les premières activités de découvertes…

Si vous êtes freelance, 3-4 mois de visibilité semble raisonnable, pour faire face à d'éventuelles périodes de creux, pour pouvoir subvenir à vos dépenses incompressibles (logement, coworking, nourriture).

Si vous avez votre entreprise et que vous ne vous rémunérez pas encore 6 mois ou plus de flux de trésoreries sont adaptés.

Quelles sont les villes où il fait bon vivre et qui sont moins chères que Paris ?

Il en existe plein, Paris étant l'une des villes les plus chères au monde... Mais voici 10 exemples de villes très appréciées par les nomades pour leur qualité de vie et qui sont moins chères que Paris.

Ville	Prix Moyen	Qualité de vie
Paris	3,274€	3.8/5
Toronto	2,800€	4.2/5
Berlin	2,635€	4.5/5
Madrid	2,355€	3.9/5
Lisbonne	1,861€	4.7/5
Budapest	1,323€	4/5
Playa de Carmen Mexico	1,238€	3.8/5
Bangkok	1,144€	4.3/5
Sao Paulo	1,052€	3.9/5
Istanbul	927€	4.4/5
Bali	923€	4.4/5

Témoignages

"New York pour toutes les rencontres car ça bouge tout le temps." - Mounir

"Le Mexique pour le surf et un rythme de vie plus tranquille" - Zack

"Amsterdam est une ville où il fait bon vivre pour ceux qui se soucient de l'environnement et qui veulent une ville propre et sécurisée" - Clara

"Lisbonne est une très belle ville d'Europe qui allie le beau temps et le calme, au dynamisme d'une grande ville. Une bonne partie de l'Europe est accessible en moins de 3h de vol." - Elodie

"Plusieurs villes au Vietnam, encore très préservé, les gens sont adorable, la vie y est moins stressante et on mange super bien." - Marie

Choisir ses destinations

Le choix de la destination est crucial pour bien vivre son aventure de nomade ! Pour bien faire son choix, il y a plusieurs critères à prendre en considération…

Quels sont les critères les plus importants pour choisir sa destination ?

La sécurité
Choisir une ville avec un taux de criminalité faible pour un esprit en paix. Il existe plusieurs cartes vous permettant de connaître les taux de criminalité comme **Numbeo - Crime Index** ou **France Diplomatie - Conseils aux voyageurs**.

La connexion internet

Très importante pour un digital nomade ! Il faut chercher une connexion internet rapide. Pour connaître les villes les plus connectées, là encore je vous redirige vers Nomade List qui, pour chaque ville, donne une note à la connexion internet.

Les fuseaux horaires
Votre flexibilité géographique sera déterminée par votre travail. Pouvez-vous travailler de manière asynchrone ? Devez-vous être sur le même fuseau horaire que vos équipes? Que vos clients ?

Le budget
On a vu plus haut comment déterminer son budget et le coût de la vie dans vos différentes destinations. Et le budget est un sujet important pour pouvoir bien vivre et non survivre dans un lieu.

☀ La météo

Je connais encore peu de gens qui me disent partir dans une région car ils aiment le mauvais temps (certains aiment plus le froid que le chaud, certes, mais le mauvais temps c'est une autre histoire). Les outils recommandés pour choisir la bonne météo sont **Où-et-Quand.net**, Nomad List et le **Planificateur à contresens**.

✈ La facilité des transports

Arriver rapidement, facilement et pour pas trop cher à votre destination est un luxe que tous les digitals nomades recherchent. De plus, cette bonne connexion en transports permet aux plus grands voyageurs de se déplacer facilement. Un outil pour connaître les options de transports et avoir une idée des coûts rapidement est **Rome2Rio.**

▣ Les visas

Les questions de visas peuvent être un vrai casse-tête si vous voyagez dans plusieurs pays. Vous devez vous en occuper en amont, quand vous êtes en France et donc avoir une bonne visibilité sur vos destinations et dates. Un bon site pour vous aider à préparer votre départ est **Tourdumondiste** qui donne une carte détaillée des visas nécessaires dans chaque pays pour les français.

▤ Les impôts

La fiscalité pour un nomade est toujours un sujet bien compliqué, mais il est important de savoir où vous allez payer vos impôts. En fonction du pays où vous êtes, de la durée de votre séjour et de votre centre économique, vous serez considéré ou non comme un résident fiscal français. En théorie, vous pouvez être considéré comme résident fiscal dans deux pays différents, et donc payer deux fois l'impôt car chaque pays à sa propre fiscalité.

Cependant, il existe de très nombreuses conventions fiscales bilatérales ayant pour objectif d'éviter les situations de double imposition. Mais il faut bien se renseigner sur ses droits et devoirs avant de partir !

Quels sont les sites qui peuvent m'aider à prendre ma décision ?

#1 Nomade List

La référence ultime des digitals nomades. Chaque ville est analysée sous toutes les coutures, selon une liste de critères bien précis. Un score de viabilité nomade est établi (le "Nomad Score"). Les critères incluent entre autres : la vitesse d'internet, la qualité de l'air, l'accessibilité de la ville à pied, la tolérance face aux minorités, le coût de la vie, la disponibilité gratuite du WiFi ou encore le nombre d'espaces de coworking.

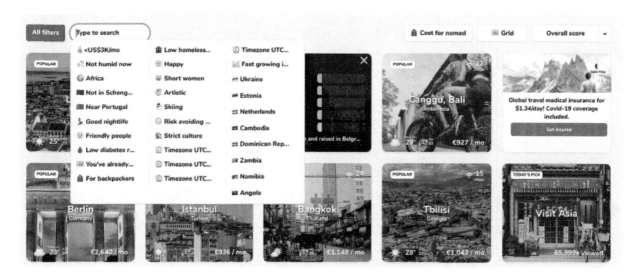

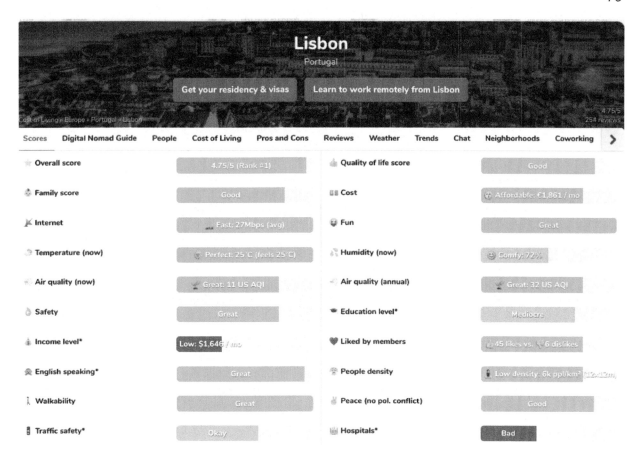

#2 Hoodmaps

C'est une carte vraiment pas comme les autres, une sorte de Google Maps pour les initié·e·s. On y trouve tous les conseils avisés qu'on arrive d'habitude à obtenir que par le bouche-à-oreille. Le genre de tuyaux que tout le monde devrait connaître avant de poser ses bagages quelque part. Hoodmaps dispose d'un petit bouton tout particulièrement utile. Si vous cliquez sur "spots", vous pouvez voir tous les emplacements de cafés et d'espaces de coworking dans la ville. Le rêve de tout digital nomade !

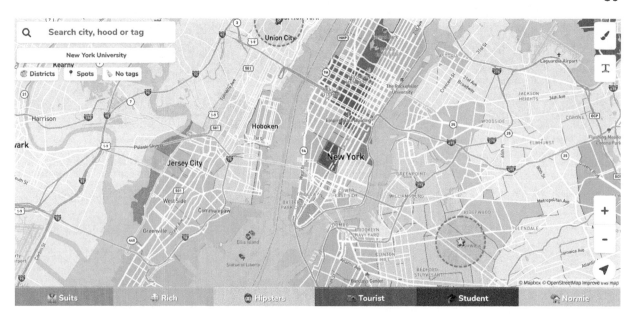

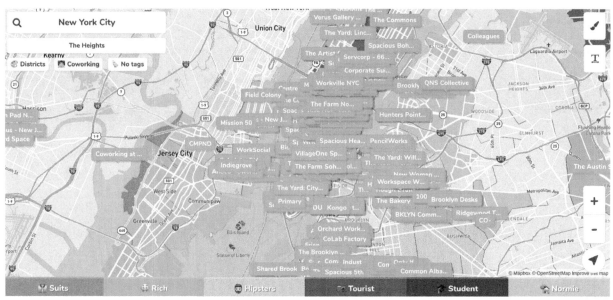

#3 Numbeos

Le site est ultra exhaustif et absolument tous les critères sont
passés au peigne fin. Le site analyse le coût de la vie, les prix de
l'immobilier, le taux de criminalité, la santé, la pollution, la
circulation, la qualité de vie et la facilité à se déplacer. Dans
chacune de ces catégories, on peut rentrer dans un niveau de précision
assez incroyable. Mais la fonctionnalité suprême sur Numbeo, c'est la
comparaison. Chaque critère peut être comparé d'une ville à l'autre.

Cost of Living

Numbeo is the world's largest cost of living database. Numbeo is also a crowd-sourced global database of quality of life informations including housing indicators, perceived crime rates, and quality of healthcare, among many other statistics.

7,218,533 prices in 10,310 cities entered by 594,376 contributors

Select Location: Type and Pick City   Or ---Select country---

Your city is not here? Tell us about cost of living in your city!

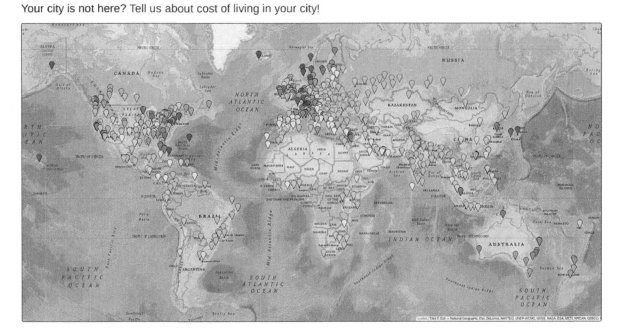

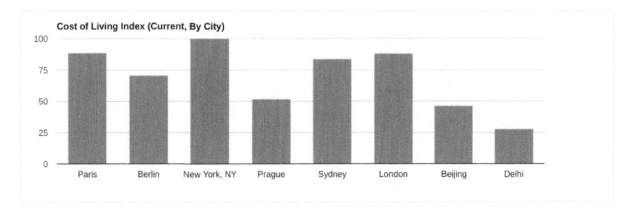

#4 Tourdumondiste

Ce site est la bible pour toute personne préparant un voyage, que ce soit pour le travail ou juste pour le plaisir ! Avec des dossiers ultra-complets pour préparer votre tour du monde, qu'il s'agisse du choix des itinéraires, des assurances, des visas, des compagnies aériennes, etc. Ils ont étudié chaque sujet au microscope et répondent à chacune de vos questions !

#5 Planificateur à Contresens

Le planificateur à contresens est un fabuleux outil qui vous permet de programmer votre voyage. Vous pouvez créer votre propre itinéraire et l'optimiser en fonction des saisons et de votre budget, avoir accès à une multitude d'informations en quelques clics pour prendre les meilleures décisions et adapter votre voyage. Gagnez du temps dans votre préparation pour en profiter au maximum ! Mais le planificateur est aussi un réel outil d'inspiration avec la possibilité de voir les itinéraires faits par des voyageurs similaires; inspirez-vous de ce qui a déjà été fait !

83

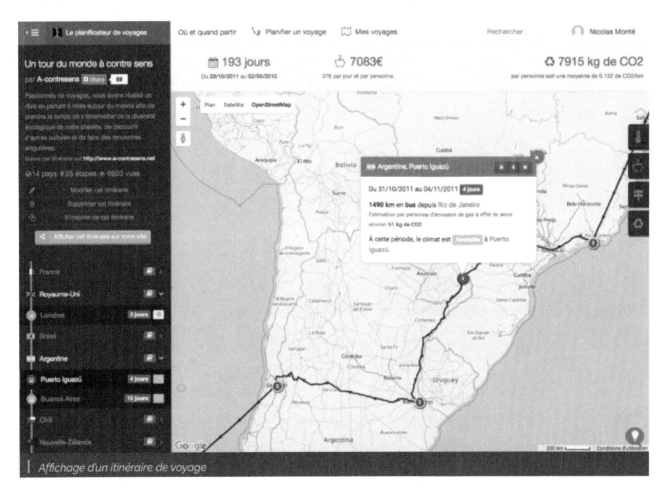

Affichage d'un itinéraire de voyage

#6 Diplomatie.Gov

Le site de référence, le plus à jour quand vous avez besoin d'informations fiables sur les réouvertures des frontières suite au Covid par exemple, la législation locale ou même votre sécurité (avec les zones à ne pas fréquenter). Avant de partir dans un pays, je vous conseille toujours de jeter un coup d'œil à la fiche du pays sur diplomatie.gouv . Pour la trouver rapidement il vous suffit de rentrer dans votre navigateur Google "France diplomatie" et "pays de destination".

Quelles sont les meilleures villes pour les nomades en 2021 ?

Encore une fois je vous renvoie à la bible des nomades : Nomadlist qui répertorie les meilleures villes pour les nomades en fonction d'un grand nombre de critères. Voici selon eux les meilleures villes où aller en 2021.

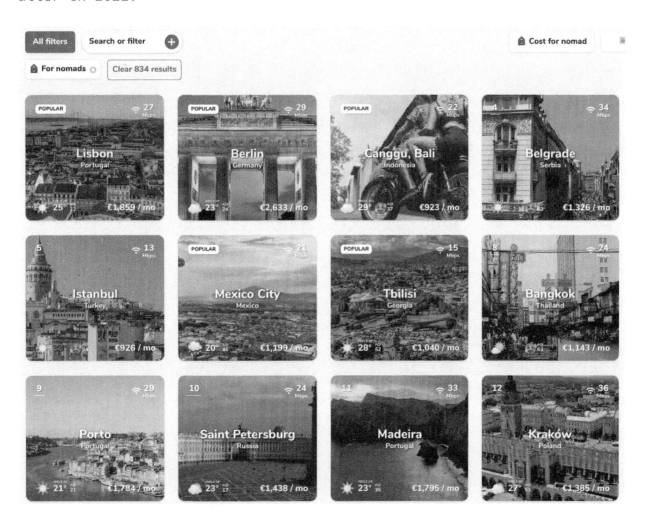

Quel est le parcours type d'un nomade ?

Au risque de vous décevoir, il n'y en a pas. Certains partent avec un parcours et une durée définis en tête, d'autres se laissent porter par leurs envies. Certains cherchent à faire plusieurs pays assez rapidement (par exemple un pays par mois), d'autres choisissent de rester là où ils se sentent bien. Tout dépend de vous, de vos envies, de votre flexibilité et de votre budget !

Choisir son logement

Choisir son logement n'est pas chose facile au début, surtout en tant que nomade ! Il faut trouver un lieu qui nous correspond, dans lequel on se sent bien car c'est notre nouvelle maison. Votre logement va directement impacter votre expérience sur place et votre productivité.

Il faut aussi éviter les arnaques, les deals qui paraissent un peu trop tentants.

A vous de trouver le meilleur des cocons pour bien vivre votre nomadisme !

Les questions à se poser quand on choisit son logement !

Voici les choses à prendre en considération quand vous choisirez votre futur logement :

#1 Est-ce que le logement correspond à votre budget ?

#2 Combien de temps vous y resterez ? Avez-vous besoin d'un logement flexible ?

- ☐ A la nuit
- ☐ A la semaine
- ☐ Au mois

#3 Dans quelles conditions je pars ?

- ☐ En couple
- ☐ Avec des amis
- ☐ Seul

#4 Dans quel mood je pars ?

☐ Pour travailler, me concentrer
☐ Pour rencontrer des personnes avec les mêmes centres d'intérêts
(pro ou loisir)
☐ Pour faire la fête

#5 Quel niveau d'intimité cherchez-vous ?

☐ J'accepte de vivre dans un dortoir
☐ Je veux seulement une chambre privée, je peux partager les
parties communes
☐ Je veux mon propre logement

#6 Quel tranquillité d'esprit recherchez-vous ?

☐ Je cherche sur le moment, mais le standard de mes futurs
logements peut changer du simple au double en fonction des villes
☐ Je cherche à avoir à peu près le même type de standard partout
☐ Je veux juste une chambre, pour le reste je me débrouille
☐ Je veux tout dans une même offre : dormir, manger, travailler!

#7 Vérifier l'emplacement du logement

☐ La sécurité de la localisation tout d'abord.
☐ Est-ce proche de la ville ?
☐ De centres d'activités (montagne, plage…)?

#8 Vérifier l'accessibilité du lieu

☐ Besoin d'un taxi ?
☐ Besoin de louer une voiture / un scooter ?
☐ Tout se fait à pied !

Les 7 types de logement pour les nomades

#1 Chez l'habitant

Obtenir un logement gratuit, en logeant chez l'habitant à l'endroit de votre choix. Restez avec un local qui vous donnera un accès gratuit pour dormir et un guide local.

Avantages : Prix (gratuit) ; Expérience locale ; Faisable dans presque tous les pays ; équipement total (ex : accès à la cuisine).

Inconvénients : Peu d'intimité ; Sécurité (vous ne savez pas sur qui vous pouvez tomber).

Site	Lien
Couchsurfing	https://www.couchsurfing.com/
BeWelcome	https://www.bewelcome.org/

#2 Le house sitting

Echange de service gratuit entre particuliers. Le propriétaire d'une maison ou d'un appartement vous prête son logement gratuitement pendant son absence. En retour, vous gardez sa maison, vous pouvez arroser ses plantes, sortir les animaux de compagnie, etc.

Avantages : Prix (gratuit) ; Intimité ; Faisable dans presque tous les pays ; équipement total (ex : accès à la cuisine) ; grands Espaces.

Inconvénients : Localisation (parfois pas centrale) ; L'obligation de remplir certaines tâches (ex : sortir le chien deux fois par jour) ; Peu de flexibilité (vous devez rester le temps de l'absence des propriétaires, ni plus ni moins).

Site	Lien
Mind My House	https://www.mindmyhouse.com/
Housecarers	https://www.housecarers.com/
Trusted House Sitters	https://www.trustedhousesitters.com/

#3 Les hostels

Un établissement qui fournit de la nourriture et un logement bon marché pour un groupe spécifique de personnes, comme les étudiants, les travailleurs ou les voyageurs. Les hostels sont connus pour leurs dortoirs et leurs cuisines partagées. Vous en trouverez partout.

Peu de gens le savent mais, les hostels ont souvent quelques chambres privées disponibles, qui sont souvent moins chères qu'à l'hôtel et ils vous laissent profiter des lieux et équipements communs.

Avantages : Prix (faible) ; Flexibilité (à la nuit, au mois) ; Faisable dans presque tous les pays ; équipement total (ex : accès à la cuisine) ; Même standard (une même enseigne aura souvent les mêmes standards dans tous les pays) ; Localisation (souvent centrale) ; Nouvelles rencontres.

Inconvénients : Intimité (si dortoirs) ; Sécurité (vols d'affaires) ; Ambiance (dans le dortoir tout le monde ne vit pas au même rythme et n'a pas la même notion de respect). Si vous êtes là pour travailler ce n'est peut-être pas idéal.

Site	Lien
Hostel World	https://www.hostelworld.com/
Booking	https://www.booking.com/
Easy Hotel	https://www.easyhotel.com/fr
Agoda	https://www.agoda.com/
Selina	https://www.selina.com/

#4 Le Coliving

Partager un logement avec d'autres personnes, que ce soit avec des amis ou des personnes que vous ne connaissez pas. Vous pouvez arranger une colocation par vous-mêmes, en louant un logement avec plusieurs chambres et en proposant à d'autres de vous rejoindre afin de réduire les coûts et vivre en communauté. Vous pouvez aussi passer par des professionnels.

Il existe deux offres de Coliving par les professionnels :

1) Une maison réaménagée en community. Proche du principe de la colocation que vous pouvez avoir à Paris mais avec des espaces communs améliorés, une personne qui gère la location de chaque chambre et souvent le ménage dans les parties communes inclus. Dans cette situation, vous payez "au logement".

2) Les réseaux d'hostels qui font aussi Coliving. Ce sont des hostels améliorés qui ont des espaces communs tels que le Coworking. Ils proposent une adhésion au mois (souvent très flexible et facile à résilier). Ils ont plusieurs bâtiments dans différentes régions d'un pays ou différents pays et vous laissent changer de localisation facilement au sein de leur réseau.

Dans les deux cas, l'objectif de ces coliving est de créer peu d'espaces individuels (chambres) et beaucoup d'espaces partagés (salle de bain, cuisine, espace de travail, espace de détente). Trouvez le format qui vous intéresse le plus, et renseignez-vous sur le type de personnes qui y vivent pour rejoindre une communauté qui vous corresponde.

Avantages : Prix (moins cher qu'un hôtel et tout inclus) ; équipement total (ex :cuisine, espace de travail, espace détente...) ; Flexibilité (à la nuit, au mois) ; Faisable dans presque tous les pays ; Même standard (pour les hostels d'une même enseigne) ; Localisation (souvent centrale) ; Nouvelles Rencontres.

Inconvénients : Intimité (peu d'espaces privés) ; Disponibilité (pour les hostels vous êtes limité à leur réseau si vous êtes adhérent); Ambiance (prendre soin de choisir une communauté qui à le même rythme de vie que vous).

Site	Lien
Coliving	https://coliving.com/
StarCity	https://starcity.com/communities
Selina	https://colive.selina.com/
Outsite	https://www.outsite.co/
Nomade Pass	https://nomadpass.com/

#5 Le logement loué à un particulier

Le principe de Airbnb. Semblable aux échanges de maison, les locations permettent aux gens de séjourner dans des appartements meublés tout en voyageant. Ces appartements sont moins chers que les hôtels et offrent beaucoup plus de commodités. Ils sont parfaits si vous prévoyez de passer une semaine ou plus au même endroit. Vous aurez tout le confort de la maison sans dépenser une fortune.

Avantages : équipement total (ex :cuisine, espace de travail, espace détente...) ; Flexibilité ; Faisable dans presque tous les pays ; Sécurité ; Intimité.

Inconvénients : Prix (fluctue en fonction du pays, de la localisation et de la saison; plus cher que les options citées précédemment) ; Possibilité d'annulation de la part du propriétaire au dernier moment ; Pas les mêmes standards partout.

Site	Lien
Airbnb	https://www.airbnb.fr/
The Home Like	https://www.thehomelike.com/

#6 L'hôtel

Réserver une nuit dans un hôtel peut être aussi une solution. Certes, elle est l'une des plus coûteuses et ne vous donne pas toujours accès à tous les équipements comme dans un hostel ou un logement entier sur Airbnb, mais le service est toujours professionnel et vous savez à quoi vous attendre. Cette option est faite pour ceux qui ont un plus gros budget et privilégient la sécurité.

Avantages : Flexibilité ; Faisable dans presque tous les pays ; Sécurité ; Intimité ; Service ; Localisation (souvent centrale).

Inconvénients : Prix (une des solutions les plus chères) ; Pas d'équipement complet (donc vous devez manger dehors, pas d'espace pour rencontrer des gens).

Site	Lien
Booking	https://www.booking.com/
Easy Hotel	https://www.easyhotel.com/fr
Agoda	https://www.agoda.com/

#7 Le Work Retreat

Le work retreat c'est comme un voyage organisé, où vous partez pendant une période déterminée avec d'autres personnes. Vous formez ainsi une communauté souvent appelée "Tribe." Les Tribes se regroupent soit en fonction de leurs centres d'intérêts (ex : le surf) ou en fonction de leur profession (ex : développeur iOS). Il y a des Work Retreat pour tous les prix. Et c'est un merveilleux moyen de faire de nouvelles rencontres !

Avantages : Peu de choses à organiser ; Souvent tout inclus ; Sécurité ; Nouvelles rencontres.

Inconvénients : Peu de flexibilité ; Intimité ; Pas les mêmes standards partout.

Site	Lien
Hacker Paradise	https://www.hackerparadise.org/
Beun Settled	https://beunsettled.co/
Remote Year	https://www.remoteyear.com/
Wifi Tribe	https://wifitribe.co/
Unleash Surf	https://unleashsurf.com/
Nomad Pss	https://nomadpass.com/
The Nomad Escape	https://thenomadescape.com/
The Nomad Cruise	https://www.nomadcruise.com/

#Bonus : Autres solutions

N'hésitez pas non plus à rejoindre des groupes de nomades sur Facebook comme **Digital Nomad Around The World** ou **Digital Nomads - The Solo Female Traveler Network** et sur Slack comme **Nomad Talk**, **Remotely One** ou **Nomad List**. Posez vos prochaines destinations et demandez conseil ! Les nomades locaux sont les plus à même de vous conseiller sur les meilleures options. Et c'est un merveilleux moyen de faire de belles rencontres avant même d'être parti !

Voici un tableau récapitulatif des différentes options, ainsi que de leurs avantages et inconvénients.

	Chez l'habitant	House Sitting	Hostel	Coliving	Airbnb	Hôtel
Prix	Gratuit	Gratuit	Faible	Faible	Moyen	Elevé
Flexibilité	Faible	Faible	Elevé	Elevé	Elevé	Elevé
Relationnel	Locale	Aucune	Elevé	Elevé	Aucune	Aucune
Ambiance Type	Seul / Entre amis	Couple / Entre Amis	Entre Amis / Seul	Entre Amis / En Couple	En Couple / Entre Amis	En Couple
Niveau d'intimité	Faible	Elevé	Moyenne	Moyenne	Elevé	Elevé
Standard partout pareil	Non	Non	Oui *(si même chaîne)*	Non	Non	Oui *(si même chaîne)*
Sécurité	Faible	Elevé	Moyenne	Moyenne	Moyenne	Elevé
Emplacement par rapport au centre	Dépend	Souvent excentré	Souvent central	Souvent central	Dépend	Souvent central

Choisir son espace de travail

Vous bossez dur ! Vous avez besoin d'un lieu dédié pour être le plus productif possible. Mais parfois, il est difficile de savoir où, dans quelles conditions et à quel prix on va pouvoir travailler dans chacune des villes où l'on s'arrête.

Quelles sont les conditions à prendre en compte quand vous choisissez votre lieu de travail ?

- ☐ La connexion internet … Duh !
- ☐ Le prix.
- ☐ L'accessibilité (Est-ce central ? Proche de votre logement ? Accessible à pied ou en transport ? On ne devient pas nomade pour faire 1h30 de transport aller-retour pour aller travailler...).
- ☐ Les horaires d'ouverture (Si vous aimez travailler tôt le matin et que le lieu n'ouvre qu'à 10h, il n'est peut-être pas pour vous; ou si vous travaillez avec des équipes sur un autre fuseau horaire et que vous devez finir tard…).
- ☐ La flexibilité de paiement (à la journée, à la semaine, au mois ?).
- ☐ La tranquillité (est-ce qu'il y a des espaces calmes ? des espaces dédiés pour passer ses appels sans être gêné ou gêner les autres, comme l'accès à des booths/mini-bureaux ?)
- ☐ Le lieu est-il sécurisé ou surveillé ? (Pour que vous puissiez laisser vos affaires en toute tranquillité pour la pause café ou aller aux toilettes).
- ☐ La connexion internet est-elle assez sécurisée ? (Si vous travaillez sur des sujets sensibles, dans ce cas évitez les Wifi ouvertes comme celles des cafés, trains ou hôtels).
- ☐ Quels sont les équipements, petits avantages que l'espace vous offre ? (espace commun, cuisine, café et thé gratuit…).

☐ Le lieu encourage-t-il la rencontre avec d'autres professionnels ? (espace de détente, des café-rencontres organisés pour échanger avec d'autres nomades!).

Quels sont les espaces de travail disponibles sur votre parcours ?

#1 Les espace de Coworking

Les espaces de coworking sont des espaces modernes de travail partagés, d'échanges et des lieux de vie qui permettent de partager non seulement le lieu mais également des équipements et de créer du réseau. Ils sont une vraie richesse sociale et facilitent les échanges, le networking, la coopération et la créativité. Ils sont très appréciés par les nomades, les start-ups et les PME, pour leur faible coût versus le coût de vrais bureaux. Les espaces de coworking sont toujours désignés pour booster la productivité et offrir des lieux de détente et d'échanges.

Avantages : Connexion (rapide et plutôt sécurisée) ; Accessibilité (souvent centrale) Flexibilité des horaires ; Flexibilité de paiement (au jour, à la semaine…) Des espaces dédiés (pour le travail au calme et pour les rencontres) ; Sécurisé ; Petits avantages (cuisine, café et thé souvent disponibles gratuitement) ; Rencontres professionnelles.

Inconvénients : Prix (Medium, moins cher que de vrais bureaux mais plus chers que les cafés ou hôtels) ; Pas de bureau dédié, c'est le principe de l'Open Space (sauf booths pour passer ses appels).

Site	Lien
Cowork Booking	https://www.coworkbooking.com/
Coworker	https://www.coworker.com/
DeskPass	https://www.deskpass.com/
Regus	https://www.regus.com/
Hootmaps*	https://hoodmaps.com/paris-neighborhood-map

*Hoodmaps n'est pas un service de coworking mais répertorie tous les espaces de coworking d'une ville.

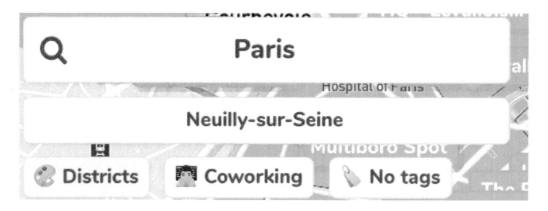

#2 Dans un Coliving

Si vous avez choisi des hostels / coliving, ils sont souvent accompagnés de leur propre Coworking, auquel vous avez accès automatiquement ou avec une réduction.

Avantages : Connexion (rapide et plutôt sécurisée) ; Accessibilité; Flexibilité des horaires ; Des espaces dédiés (pour le travail au calme et pour les rencontres) ; Sécurisé ; Petits avantages (cuisine, café et thé souvent disponibles gratuitement) ; Rencontres professionnelles.

Inconvénients : Prix (compris dans votre offre ou réduction) ; Pas de bureau dédié, c'est le principe de l'Open Space (sauf booths pour passer ses appels).

Site	Lien
Selina	https://colive.selina.com/
Outsite	https://www.outsite.co/
Nomade Pass	https://nomadpass.com/

#3 Louer un bureau

Cela peut être envisageable pour les nomades qui se déplacent en équipes et voudraient louer un bureau pour leur entreprise ou des personnes qui sont là dans la durée et cherchent quelque chose de stable, de qualitatif et non de la flexibilité sur le court terme.

Avantages : Connexion (rapide et sécurisée) ; Accessibilité; Flexibilité des horaires ; Des espaces dédiés (pour le travail au calme et pour les rencontres) ; Sécurité ; Petits avantages (cuisine, café et thé souvent disponibles gratuitement)

Inconvénients : Prix (souvent élevé) ; Peu de flexibilité du contrat (souvent un minimum de moins et des conditions pour résilier).

Site	Lien
We Work	https://www.wework.com/fr
Easy Offices	https://www.easyoffices.com/
Desk Pass	https://www.deskpass.com/
Regus	https://www.regus.com/

#3 Les Cafés

Ce qu'il vous faut trouver ce sont des cafés avec de la bonne WiFi, des prises pour brancher votre ordinateur et un peu de calme. Vous pouvez les trouver sur Google Maps ou dans votre navigateur en cherchant les mots clés "Working Café" ou "Café Wifi." À vous d'aller ensuite sur place pour voir si celui-ci vous convient. Le plus grand Working Café est Starbucks. Peu importe où vous allez dans le monde, les standards restent les mêmes. Vous savez que vous y trouverez de la Wifi et des prises. Pour ce qui est du calme ça dépend des pays; dans certains ils mettent la musique plutôt fort donc ça peut déranger si vous devez passer des appels.

Ce que vous demandent les cafés en échange de cela, c'est juste de consommer sur place : quelques boissons, le déjeuner… C'est une solution parfaite pour les petits budgets.

Avantages : Prix (faible, consommation) ; Localisation (souvent centrale).

Inconvénients : Wifi (pas toujours fiable ni sécurisée) ; Flexibilité (les horaires d'ouverture du café) ; Tranquillité ; Sécurité (ne laissez pas vos affaires sans surveillance!).

#4 Les Lobbys d'hôtels

Vous pouvez les tenter ! Certains acceptent que vous travailliez si vous consommez en même temps. Assurez-vous de trouver des prises avant de vous poser et testez la WiFi ! Les hôtels présentent des avantages et inconvénients proches de ceux des cafés.

Avantages : Prix (faible, consommation) ; Localisation (partout)

Inconvénients : Wifi (pas toujours fiable ni sécurisée) ; Tranquillité ; Sécurité (ne laissez pas vos affaires sans surveillance!).

#5 A la maison

Si vous avez un espace dédié pour travailler depuis chez vous et un bon WiFi c'est l'idéal ! En termes de prix et de trajet, cela vous revient à 0. Cependant, beaucoup n'aiment pas travailler depuis chez eux car ils ont du mal à être productif, ils aiment faire la séparation entre leur vie privée et leur vie pro. De plus, sortir leur permet de faire de nouvelles rencontres !

Avantages : Prix (faible, consommation) ; Flexibilité ; Sécurité ; Tranquillité

Inconvénients : Nouvelles Rencontres, Productivité (pour certains) ; Vie équilibrée (en séparant le pro du perso).

Voici un tableau récapitulatif des différentes options, ainsi que de leurs avantages et inconvénients.

	Coworking	Coliving	Bureau	Café	Hôtel	Maison
Prix	Moyen	Moyen / Inclus	Élevé	Faible	Faible	Inclus
Connexion Rapide	Oui	Oui	Oui	Dépend	Dépend	Dépend
Connexion sécurisée	Oui	Oui	Oui	Non	Non	Dépend
Flexibilité ouverture	Plutôt Oui	Plutôt Oui	Plutôt Oui	Non	Non	Oui
Flexibilité contrat	Oui	Oui	Dépend	Oui	Oui	Oui
Emplacement Central	Oui	Oui	Oui	Oui	Oui	Oui
Tranquillité (bureau dédiés)	Dépend	Dépend	Oui	Non	Non	Oui
Sécurité	Oui	Oui	Oui	Non	Non	Oui
Nouvelles Rencontres	Oui	Oui	Dépend	Non	Non	Non
Équipements / Petit avantages	Oui	Oui	Oui	Non	Non	Oui

Les avions

Les billets d'avion représentent un gros budget lorsque l'on voyage beaucoup. Il est donc important d'optimiser cette dépense. Les compagnies aériennes sont devenues expertes dans l'optimisation de leurs tarifs et il n'existe pas de technique secrète pour obtenir un prix ajusté. Mais il est encore possible de dénicher d'excellentes affaires.

#1 Connaissez le vrai prix d'un billet

Les compagnies aériennes font fluctuer leur tarif en fonction de la demande afin de remplir au maximum leurs avions au meilleur prix pour elles. Mais alors quel est le bon prix pour un billet ? Un bon site pour savoir à quel prix vous attendre entre deux destinations est **AlgoFly,** un comparateur de prix très poussé pour ne pas se faire plumer.

#2 Utilisez des comparateurs de vols

	Comparateur	Fonctionnalités intéressantes
skyscanner	Skyscanner	Recherches multi-destinations Alertes Emails Calendrier des prix par mois Pas de redirection, achat sur le site
momondo	Momondo	Recherches multi-destinations Alertes Emails Calendrier des prix par mois
algofly	AlgoFly	Alertes Emails Calendrier des prix par mois Pas de redirection, achat sur le site
Google	Google Flights	Recherches multi-destinations Alertes Emails Calendrier des prix par mois Pas de redirection, achat sur le site
KIWI·COM	Kiwi	Recherches multi-destinations (Option Nomad) Alertes Emails Pas de redirection, achat sur le site
KAYAK	Kayak	Recherches multi-destinations Alertes Emails Pas de redirection, achat sur le site
GO VOYAGES	GoVoyages	Recherches multi-destinations Alertes Emails
opodo	Opodo	Recherches multi-destinations Alertes Emails

Voici 8 bons comparateurs de vols ainsi que leurs spécificités

Source : Wikipédia

#3 Mais pensez à regarder aussi les sites de grandes compagnies

Quand vous avez trouvé un vol intéressant sur un comparateur de voyage et qu'il s'agit d'une grande compagnie aérienne (Air France KLM, American Airlines, Lufthansa, Air China…), vérifiez sur le site même de la compagnie aérienne si le prix n'est pas inférieur ou égal. Si c'est le cas, achetez sur le site est la meilleure option, car en cas de problème il est plus facile de traiter directement avec la compagnie aérienne qu'avec un comparateur de vol.

Top 10 des compagnies aériennes par nombre de destinations :

Pays	Compagnie	Nombre de destinations desservies en 2019
	United Airlines	369
	American Airlines	340
	Delta Airlines	333
	Air France	308
	Lufthansa	254
	Turkish Airlines	218
	China Easter Airlines	211
	British Airways	197
	China Southern Airlines	193
	Air Canada	181

Source : Wikipédia

#4 Soyez ultra flexibles

- Soyez flexibles sur vos dates de départ et d'arrivée
- Soyez flexibles sur vos horaires d'arrivée et de départ
- Soyez flexibles sur vos destinations
- Soyez flexibles sur le nombre d'escales
- Soyez flexibles sur la durée des escales
- Regardez un billet aller simple

#5 Evitez les frais cachés

Les compagnies aériennes sont devenues des championnes pour vous proposer tout un tas d'options après que vous ayez choisi votre billet. Entre les options bagages (car initialement vous n'avez plus que le bagage cabine pour la plupart des compagnies), les options des sièges, les assurances en tous genres et les options de notifications et d'enregistrement à l'avance… Cela vous amène à un coût final 1.5 fois supérieur au prix annoncé.

Donc ne comparez pas seulement le prix initial, mais faites tout le processus jusqu'au paiement pour comparer les prix des options de chaque compagnie.

#6 Gagnez des miles

Les miles sont comme un type de devise. Vous les gagnez chaque fois que vous partez en voyage ou effectuez un achat avec une carte de crédit de récompenses, et vous pouvez les utiliser comme monnaie pour vos futurs voyages.

Donc, si vous utilisez une certaine compagnie aérienne fréquemment, renseignez-vous sur son programme de fidélité et de miles. En France la compagnie aérienne la plus connue pour son programme de miles est AirFrance KLM.

Les Cartes AIR FRANCE KLM – AMERICAN EXPRESS

**Carte AIR FRANCE KLM —
AMERICAN EXPRESS SILVER**

Offre exceptionnelle :
6 000 Miles de bienvenue[5]

*À chaque achat, faites décoller
vos Miles !*

- Carte gratuite la 1ère année et les suivantes[3]
- Jusqu'à 10 Miles gagnés pour 10 € dépensés[4]
- Des Assurances essentielles

En savoir plus

Télécharger la brochure

**Carte AIR FRANCE KLM —
AMERICAN EXPRESS GOLD**

Offre exceptionnelle :
10 000 Miles de bienvenue[7]

Pour ne rien laisser au hasard

- Carte gratuite la 1ère année[26] puis 13,75 €/mois
- Jusqu'à 15 Miles gagnés pour 10 € dépensés
- Des Assurances optimales

En savoir plus

Télécharger la brochure

**Carte AIR FRANCE KLM —
AMERICAN EXPRESS PLATINUM**

Offre exceptionnelle :
30 000 Miles de bienvenue[8]

*On gagne toujours à choisir l'excellence
47,50 €/mois[6]*

- Jusqu'à 20 Miles gagnés pour 10 € dépensés[3]
- Des Assurances maximales
- Conciergerie Platinum 24h/24, 7j/7

En savoir plus

Télécharger la brochure

Un blog pour mieux connaître et utiliser ces points et/ou miles et/ou récompenses grâce aux cartes des compagnies aériennes, mais aussi des cartes de crédit est celui de **The Point Guy**. Seul défaut que j'aurais à lui trouver ici est qu'il est très focalisé sur les cartes américaines.

#7 Regardez l'option billet tour du monde

Un billet tour du monde est un ensemble de billets d'avion vendu de façon groupée pour parcourir le globe d'est en ouest ou d'ouest en est jusqu'à revenir à son point de départ.

Ces billets sont utilisés pour vos plus grands points d'ancrage, dessinant ainsi le gros de votre trajet, et peuvent être combinés à des plus petits vols locaux.

Les billets tour du monde sont proposés par des agences de voyage spécialisées comme **Travel Nation ou Zip World** et par les trois alliances aériennes **Oneworld, Star Alliance et SkyTeam.**

A vous de faire des simulations pour voir si cela vous revient moins cher que de payer vos billets un à un. Et demandez-vous aussi ce que vous préférez entre un voyage bien cadré et un voyage très flexible.

Les avantages d'un billet tour du monde : Moins stressant (tout est fait avant votre départ) ; des dates et destinations quand même modifiables (même si cela peut parfois avoir un coût) ; Facile à budgéter ; permet de gagner des miles et donc de pouvoir dépenser gratuitement plus tard ; permet d'éviter la flambée des prix des billets.

Les inconvénients d'un billet tour du monde : Peu de flexibilité avec des règles imposées (ou si on y déroge cela a un coût et demande du temps pour faire les changements): limité à un an ; destinations limitées (aux plus grands hubs desservis par ces compagnies) ; Doit être fait dans un sens précis (pas de zigzag possible).

A. <u>Compagnies Aériennes :</u>

<u>**Oneworld, Star Alliance** et **SkyTeam**</u>

Les règles de base pour un billet tour du monde auprès des alliances aériennes sont les mêmes :

- ☐ Votre voyage doit commencer et finir dans le même pays, mais pas nécessairement dans la même ville.
- ☐ Il doit y avoir au minimum 10 jours et au maximum 1 an entre la date de votre premier vol et celle de votre dernier vol.
- ☐ Les billets tour du monde utilisent les zones tarifaires de l'Association internationale du transport aérien (IATA), appelées "tarif conférences", qui divisent la terre en trois.
- ☐ Vous devez toujours aller dans la même direction : d'ouest en est ou d'est en ouest.

☐ Vous pouvez changer gratuitement les dates de tous vos billets jusqu'à 24h avant le départ, mais sans dépasser un an après la date de votre premier vol.

☐ Il est possible de modifier la ville de départ et/ou d'arrivée des vols, mais cela a un coût.

Chaque compagnie a ses propres spécificités.

STAR ALLIANCE	SKYTEAM	oneworld
Adria Airways	Aeroflot	American Airlines
Aegean Airlines	Aerolinas Argentinas	British Airways
Air Canada	Aero Mexico	Cathay Pacific
Air China	Air Europa	Finnair
Air India	*Air France*	Iberia
Air New Zealand	Alitalia	Japan Airlines
ANA	China Airlines	LATAM
Asiana Airlines	China Eastern	Malaysia Airlines
Austrian Airlines	China Southern	Qantas
Avianca	Czech Airline	Qatar Airways
Brussels Airlines	Delta	Royal Jordanian
Copa Airlines	Garuda Indonesia	S7 Airlines
Croatia Airlines	Kenya Airways	SriLankan Airlines
Egypt Air	KLM	
Ethiopian Airlines	Korean Air	
Eva Air	Middle East Airlines	
Lot Polish Airlines	Saudia	
Lufthansa	Tarom	
Scandinavian Airlines	Vietnam Airlines	
Shenzhen Airlines	Xiamen Air	
Singapore Airlines		
South African Airways		
Swiss		
TAP Air Portugal		
Thai Airways International		
Turkish Airlines		
United Airlines		

B. Agences de voyages

Travel Nation et **Zip World**

Les agences de voyages spécialisées quant à elles n'ont pas de règles de base et sont plus souples sur les trajets qu'elles peuvent vous proposer. Elles peuvent aussi vous conseiller et négocier pour vous des tarifs avantageux auprès des compagnies aériennes.

#8 Soyez un aventurier et envisager des alternatives à l'avion

Vous n'avez réellement pas un rond ? Alors il va vous falloir être créatif ! Et avoir un peu de temps si vous voulez partir loin. Mais il existe plein d'autres transports que l'avion pour vous mener à votre destination.

🚗 La voiture

🚂 Le train

🚢 Le bateau

🚐 Camping Car

🚲 Le vélo

👍 Le stop

Banques et Cartes de crédit

Avant de partir en voyage, il est bon de s'intéresser à quelles cartes bancaires sont les plus avantageuses pour vous. En effet, chaque carte a ses coûts à l'étranger qu'il ne faut pas ignorer (ouverture du compte, transactions, frais de change…) et ses avantages (assurances, service client, sécurité…). Vous devez choisir les meilleures cartes pour votre utilisation.

Quels sont les types de cartes bancaires à ma disposition ?

Banque traditionnelle : On en a tous une. Des institutions bancaires comme Société Générale, CIC, LCL, BNP Paribas, Crédit Agricole…

Banque en ligne : une banque dématérialisée dont tous les services se font grâce à un site internet ou une application mobile. Les banques en ligne sont souvent des filiales de banques traditionnelles, elles peuvent proposer les mêmes services et sont tout aussi fiables. On compte parmi elles : Hello Bank, Monabanq, Boursorama Banque…

Néo Banques : des banques dématérialisées dont tous les services se font grâce à un site internet ou une application mobile. A la différence de la banque en ligne, celles-ci ne peuvent pas proposer les mêmes services, car elles ne sont pas affiliées à une banque traditionnelle (donc pas de chéquier, livret A, etc.)

Banque Locale : Une banque traditionnelle à l'étranger. Ceci est une option pour les personnes qui restent longtemps dans un même pays. Ce compte vous permettra de payer et de retirer de l'argent sans aucun frais dans le pays.

Quels sont les critères lorsque l 'on choisit une carte pour voyager ?

Une bonne carte avec :

- ☐ Des frais de retraits nuls ou faibles
- ☐ Aucun frais de retraits
- ☐ Un plafond de retraits et de dépenses assez élevé
- ☐ Une assurance complète
- ☐ Un bon service client en cas d'urgence (privilégiez ceux qui sont disponibles sur plusieurs canaux : email, téléphone, chat, whatsapp…)
- ☐ Une bonne sécurité (notification lors d'un paiement, approbation des transactions via l'application)
- ☐ Une carte de "crédit" est acceptée dans un plus grand nombre de pays que les cartes de "débit" qui peuvent parfois vous êtres refusées.

Vous pouvez aussi regarder les autres avantages que vous donne la carte et vous demander si vous en avez besoin. Par exemple, les chèques ou livret A (proposés par les banques traditionnelles et banques en ligne), les offres de "cash-back" ou "rewards" qui vous permettent de gagner de l'argent quand vous dépensez dans certains magasins ou sites internet.

Quelle est la différence entre une carte de crédit et une carte de débit ?

Les cartes de débit sont très courantes en France. Il s'agit d'un moyen de paiement national (avec le logo CB). Le débit est immédiat sur votre compte bancaire.

Les cartes de crédit sont plus courantes, surtout dans les pays anglo-saxons. Ici le débit n'est pas immédiat mais se fait à la fin du mois.

Les cartes de crédit sont notamment demandées comme caution lors d'une location de voiture.

Quelles sont les meilleures cartes bancaires ?

Comme la plupart d'entre nous ont déjà une carte bancaire traditionnelle, nous allons regarder plus en détails les avantages et inconvénients des banques en ligne en néo-banque, comme seconde carte.

Top 3 des banques en ligne

1- **Monabanq** – La "plus utilisée"

2- **Boursorama Banque** – La "plus complète"

3- **Hello Bank** – La "moins chère"

Tableau de comparaison des offres premium des 3 banques en ligne :

	Monabanq	Boursorama Banque	Hello Bank
Formule	Monabanq Uniq+	Boursorama Ultime Metal	Hello Bank Prime
Prix Mensuel	9€	9,90€	5€
Retrait en Euro	Gratuit et illimité	Gratuit et illimité	Gratuit et illimité
Retrait Hors Euro	Gratuit et illimité	Gratuit et illimité	Gratuit et illimité
Paiements en devise étrangère	Gratuit et illimité	Gratuit et illimité	Gratuit et illimité
Plafond de retrait	300 à 600 € / semaine selon vos revenus	5 000€/ semaine	500 à 1 000 € / semaine selon vos revenus
Plafond de paiement	1000 à 2500€ selon vos revenus	50 000€ / mois	1 200 à 2 500 € / mois selon vos revenus
Assurance Voyage	Avec la visa Classic incluse : Achat, Assurance décès et invalidité (jusqu'à 46 000€) et Assistance médicale	Assurances et assistances d'une Visa Premier. Boursorama Protection : l'assurance moyens de paiements. Smart	Annulation voyage jusqu'à 5000€ TTC, Retard d'avion ou train SNCF 400€ TTC,vol / perte de bagages 800€ TTC, Décès ou invalidité

	déplacement.

Assurance plus complète avec La Visa Premier qui coûte 3€/mois. | Delay : l'accès à plus de 1000 salons d'aéroport dans plus de 100 pays en cas de retard d'avion | 310 000€ par sinistre, responsabilité à l'étranger 1 525 000€ par sinistre |
Achat sécurisé (demande validation sur appli)	Oui	Non, SMS	Oui
Service Client	Email, téléphone, chat	Email, Téléphone	Email, téléphone, chat
Versement initial	150€	0€	10€
Durée min d'engagement	Aucune	Aucune	Aucune
Taux de découvert autorisé	Oui	Oui	Oui
Autres avantages	Chéquier, Livret d'épargne	Chéquier, Livret d'épargne	Chéquier, Livret d'épargne

Top 3 des Néo Banques

1- **N26** – La "plus attractive"

2- **Revolut** – La néo banque "multi-fonctions"

3- **Orange Bank Premium** – La "plus complète"

Tableau de comparaison des offres premium des 3 néo banque:

	N26	Revolut	Orange Bank
Formule	You	Prémium	Premium
Prix Mensuel	9.90€	7,99€	7.99€
Retrait en Euro	8 retraits gratuits / mois, 2 € / retrait au-delà	Gratuits jusqu'à 400 € / mois, 2 % au-delà	Gratuit et illimité
Retrait Hors Euro	Gratuit et illimité	Gratuits jusqu'à 400 € / mois, 2 % au-delà	Gratuit et illimité
Paiements en devise étrangère	Gratuit et illimité	Gratuits et illimités	Gratuit et illimité
Plafond de retrait	2 500 € / jour et 10 000 € / mois	3 000 € / jour et 100 000 € / mois	Dépends de vos revenus
Plafond de paiement	5 000 € / jour 20 000 € / mois	Aucun	Dépends de vos revenus
Assurance Voyage	Partenariat avec Allianz. Couverture médicale jusqu'à 1 000 000 € pour vous et vos proches. Jusqu'à 10 000 € d'indemnisation en cas d'annulation ou de modification. Jusqu'à 500 € d'indemnisation pour les vols retardés de plus de 4 heures. Couverture jusqu'à	Assurance achats limités à 2 500 £GB/an. Assurance médicale à l'étrangerinclus. Assurance pour bagage et vols retardés inclus. Accès salon gratuits avec Smart Delay pour vous + 1 ami inclus. Pas de protection sur la location de voiture.	Protection des achats dans la limite de 765€ par an, et 2000€ par sinistre par an. Franchise d'une voiture de location remboursée en cas d'accident. Prise en charge en cas d'annulation, retard d'un avion ou train. Remboursement en cas de perte ou vol d'un bagage. Prise

	20 000 € en cas de dommages lors d'un déplacement. Pas de couverture de location voiture ni de téléphone.		en charge complète des dommages causés à une tierce personne. En cas décès ou d'invalidité,indemnité jusqu'à 310 000 ▮
Achat sécurisé (demande validation sur appli)	Non Mais notification sur l'application en temps réel	Non Mais notification sur l'application en temps réel	Non SMS
Service Client	Email, téléphone, chat	Email, Chat	Email, téléphone, chat
Versement initial	0€	0€	50€
Durée min d'engagement	1 an avec un mois de préavis	1 an avec 14 jours de préavis	Aucune
Taux de découvert autorisé	Non	Non	Non
Autres avantages	Non	Non	Non

Ceci est une comparaison des offres premium car elles sont plus intéressantes pour les voyages à l'étranger que les offres gratuites (retrait plus élevé en dehors de la zone euro, plafond plus élevé et assurances plus complètes.)

Transférer de l'argent entre deux devises depuis l'étranger à moindre frais

Transférer de l'argent d'€ et $ via sa banque traditionnelle peut être coûteux. Être nomade signifie souvent que vous devez gérer vos finances dans plusieurs devises, entre différents pays. Voici quelques applications qui vous permettront d'effectuer des virements internationaux à moindre frais et en toute sécurité.

Ces applications vous permettent de connaître le taux de change entre deux devises, de transférer de l'argent sans frais cachés et de recevoir de l'argent comme un local.

Des derniers conseils ?

#1 - Avoir au moins une carte de crédit.

#2 - Ayez au moins 2 cartes différentes (ex : votre carte traditionnelle + une banque en ligne ou une néo banque) pour tirer avantage des deux et toujours avoir une solution si vous vous faites voler l'autre ou que vous la perdez.

#3 - Avoir des cartes qui, si elles demandent la validation d'un achat, le font par internet et pas par SMS car cela vous oblige à garder un numéro français, et peut-être d'avoir des frais.

#4 - Si vous n'avez pas confiance dans un commerçant, alors payez avec la carte qui vous demandera de valider le montant, ou au moins vous enverra une notification du paiement en temps réel, pour ne pas vous rendre compte des jours après que c'est trop tard !

#5 - Si vous avez des cartes bancaires non expirées, mais sur lesquelles il y a un peu d'argent, gardez-les. On peut parfois vous demander des cartes bancaires comme garantie (ex: pour louer un scooter ou pour payer dans des bars).

Assurances

Le style de nomade s'accompagne d'un lot de risques. Et, sans forcément imaginer le pire, il est toujours bon de l'anticiper au maximum. Personne n'est à l'abri d'un accident. Ne faites donc pas l'erreur de beaucoup de voyageurs, qui veulent économiser le prix d'une assurance santé. Car, sans assurance, les frais d'hospitalisation ou de rapatriement peuvent vite atteindre des sommes exorbitantes !

Qu'est ce que l'assurance du digital nomade doit prendre en charge ?

- ☐ Responsabilité civile
- ☐ Assistance juridique
- ☐ Les frais de santé
    - Frais médicaux
    - Hospitalisation
    - Rapatriement
    - Décès et invalidité
- ☐ Transport
    - Annulation
    - Retard
    - Bagage perdu, abîmé ou volé
- ☐ Franchise sur la localisation de véhicule
- ☐ Achats à l'étranger
- ☐ Vols d'objets électroniques : téléphone, ordinateur
- ☐ Activités sportives incluses
- ☐ Covid
    - Test et dépistage
    - Rapatriement
    - Frais d'hospitalisation
    - Annulations transport
    - Frais d'hébergement

Que faut-il vérifier dans le contrat ?

☐ Le degré de couverture (sur quels sujets vous êtes assurés? Pour quels montants?)

☐ La durée de couverture

☐ Les pays pris en charge (certaines assurances peuvent exclure certains pays).

☐ L'âge (certaines assurances ne prennent pas en charge au-dessus d'un certain âge ou font payer un tarif plus élevé)

☐ Le package (certaines assurances proposent des tarifs avantageux pour les couples ou les familles)

En dehors de ces informations, vérifiez aussi la réputation d'une assurance, notamment de son service client avant de signer le contrat.

Il faut faire la différence entre :

L'assistance : qui prend en charge tout ce qui vous arrive à vous. Donc vos frais médicaux et/ou votre rapatriement en cas d'accident ou de maladie à l'étranger, votre retour anticipé en cas de décès ou d'hospitalisation, etc.

L'assurance : Qui prend en charge le dommage causé aux autres, et votre matériel. Donc, votre responsabilité civile, perte, vol ou détérioration des bagages, location de véhicule, modification, annulation ou interruption du voyage.

Quelles sont les meilleures assurances pour les nomades ?

	World Nomad	Chapka	Allianz Care	AVI	April International
Offre	Standard	Cap Aventure	Voyages Long séjours	Marco Polo	Emergency
Prix	79 à 85€ par mois (personne de moins de 35ans hors USA et Canada.)	48 à 54€ par mois (personne de moins de 35ans hors USA et Canada.)	69€ par mois	A partir de 47€/mois	38 à 51€
Durée Max	12 mois renouvelables en ligne	24 mois	2 ans	12 mois renouvelables en ligne	12 mois renouvelable
Souscription durant voyage possible ?	Oui. Délais de 3 à 5 jours.	Oui. Délai de 12 jours.	N/A	Oui. Délai de 15 jours.	Oui. Pas de délai.
Frais médicaux	100 % des frais réels dès le 1er euro. Avec un max de 3,500,000€	100 % des frais réels dès le 1er euro. 200,000€ hors USA et Canada.	100 % des frais réels dès le 1er euro. 300,000€ hors Europe et 200,000€ en Europe.	100 % des frais réels dès le 1er euro. 300,000€ hors Europe et 100,000€ en Europe.	250,000$ par an. Ne prend pas en compte dentaire, optique et maternité.
Hospitalisation	Oui. Varie selon pays traversés.	Jusqu'à 1,000,000€	Jusqu'à 200 000/300 000 en fonction des destinations	Comme les frais médicaux.	250,000$ par an
Rapatriement	350,000€	Pris en charge à 100% et à frais réel	Frais réel.	Frais illimités	Pris en charge. Compte comme frais d'hospitalisation.
Bagages	Jusqu'à 1,700€	Jusqu'à 2,000€	Jusquà 3,000€	2,000€ inclus	1600€ inclus
Vols et Trains. Retard et annulation.	Jusqu'à 3,500€	Annulation jusqu'à 8,000€ (en option)	Pas d'assurance pour retard et annulation	N/A Billet A/R si hospitalisation	Billet A/R Si urgence 300€ si annulation.
Responsabilité Civile	700,000€ pour les dommage corporels et pour les	4,500,000€ pour les dommage corporels et	4,500,000€ pour les dommage corporels et	750,000€ dommage corporels et 450,000€ et	4,500,000€ pour les dommage corporels et

	dommages matériel	450,000€ pour les dommages matériel	450,000€ et pour les dommages matériel	pour les dommages matériels	450,000€ et pour les dommages matériel
Location de voiture	N/A	Non	La franchise de mon véhicule de location remboursée	N/A	N/A
Décès et Invalidité	10,000€	Frais réels	Frais réels	Frais réels	Frais réels
Activité Sportive Inclus	N/A	Couverture de certains sports à risque	N/A	Couverture de certains sports à risque. Prendre une option si vous voulez en couvrir plus.	N/A
Covid	Peu de couverture	Frais médicaux dont test PCR en cas de contamination et le rapatriement.	Compris dans les frais médicaux. Dont test PCR et en cas de contamination.	Covid est inclus dans les frais médicaux.	Covid inclus dans les frais d'hospitalisation

D'autres assurances utilisées par les digitals nomades comprennent **Safety Wings ou World Nomade**.

Pour la plupart de ces assurances il convient quand même de faire un devis en ligne en spécifiant les pays concernés afin d'avoir un prix et des options personnalisés.

Autres Conseils :

☐ Regarder aussi les assurances via vos cartes bancaires qui sont un bon complément. Mieux vaut être trop assuré que pas assez.

☐ Lors de la location d'une voiture, n'hésitez pas à prendre une assurance, car la plupart des assurances santé n'assurent pas ou très peu la location de voiture.

☐ Pour le Covid renseignez-vous bien sur ce qui est pris en charge. Est-ce les frais d'hospitalisation si vous tombez malade ? Est-ce les activités, vols et hôtels à annuler du fait du Covid ? Est-ce les tests PCR quand vous avez des symptômes ? Et quand vous ne les avez pas mais que vous voulez voyager ?

Le forfait de téléphone

On le sait, on ne peut plus se passer de nos téléphones portables. Et quand on part, vient l'angoisse de savoir si on aura une bonne connexion internet, assez de forfait 4G pour checker Facebook et Instagram, envoyer des photos à nos amis et notre famille sur Whatsapp et Messenger, utiliser le GPS sur Waze, etc. Mais en tant que digital nomade on veut aussi essayer de rester un maximum disponible sur notre numéro pour que nos équipes et nos clients puissent nous joindre si besoin. Alors quelles sont les meilleures options et à quels prix ?

#1 Garder son opérateur français

Il faut reconnaître que cela à des avantages! On garde son numéro de téléphone, on s'en occupe une fois avant le départ et c'est réglé pour tout le voyage…

Cependant les forfaits avec les opérateurs français pour l'étranger sont souvent coûteux et limités (en termes de GO disponibles, coûts des SMS/Appels, etc).

Cette option a du sens pour ceux qui ne veulent pas changer d'opérateur, sont prêts à payer un peu plus cher pour garder leur numéro de téléphone et dont les destinations correspondent aux offres proposées.

Voici un tableau comparatif des offres les plus complètes des 4 grands opérateurs téléphonique pour vous donner une idée :

	Orange – Pass Monde	Orange – Pass Evasion	SFR – 120 Go	Bouygues – Internet Voyage	Free
Prix	25€	29€	35€	20€	20€
Durée d'engagement	7 jours	31 jours	12 mois	7 jours	31 jours
Nombres de destinations	195	13 à 60 destinations	Europe en DOM uniquement	110	70
Internet	2MO	1 à 10 Go	100Go	1 Go	25 Go
SMS	10 SMS	50	illimité	–	Illimité dans certains pays
Appels	30min	20 à 30min	illimité	–	Illimité dans certains pays

#2 Prendre un opérateur local

Dans la plupart des pays, celle-ci sera l'option la moins chère. Cependant, elle vous oblige à avoir un numéro de téléphone local, et même si cela vous donne accès à un bon forfait internet, cela donne rarement l'accès à des appels et SMS vers la France. Cependant, les appels vers l'étranger seront toujours moins chers que si vous appelez avec une puce française depuis l'étranger.

De plus cela vous demande de vous débrouiller à la sortie de l'aéroport, d'aller trouver des opérateurs et de négocier votre forfait. Vous trouverez les opérateurs téléphoniques à la sortie des aéroports (c'est là qu'ils sont souvent le plus cher), aux abords des stations de trains et dans les villes.

Cette option est surtout valable pour ceux qui passent plusieurs semaines voire plusieurs mois dans un même pays.

#3 Prendre une carte SIM internationale

La solution hybride. C'est une carte SIM prépayée qui vous donne accès à un nombre de GO, d'appels et SMS illimités et qui au fur et à mesure de votre utilisation diminue. Vous pouvez recharger ce forfait en ligne.

Ces cartes s'achètent en ligne uniquement. Elles donnent accès à un bon nombre de pays et ne demandent aucun engagement car c'est un forfait prépayé. Vous pouvez personnaliser votre forfait selon vos besoins (en appels, SMS, et data) et les pays visités. Vous recevrez ensuite votre carte SIM à la maison.

Les inconvénients principaux sont que ces forfaits coûtent plus chers que les locaux, se bloquent quand vous n'avez plus d'argent sur la carte SIM, ce qui peut être une mauvaise surprise et vous donne accès à un nouveau numéro.

Les cartes SIM internationales les plus connues sont :

Certaines de ces entreprises proposent aussi des E-Sim, qui sont des cartes SIM virtuelles, directement disponibles dans votre téléphone sans aucune manipulation. Cela permet d'éviter les coûts de la carte SIM physique et d'avoir à attendre.

Les autres point d'attention

- ☐ <u>Débloquer son portable avant de partir à l'étranger </u> : Si vous avez pris un abonnement avec engagement, alors votre contrat spécifie une durée légale pendant laquelle il sera bloqué. Une fois cette période passée, pour débloquer le téléphone, il suffit d'en faire la demande auprès de votre opérateur.
- ☐ <u>La double SIM </u> : Une option disponible sur certains téléphones. Elle permet de disposer de deux lignes téléphoniques, deux numéros, et donc deux forfaits distincts. Vous pouvez soit décider d'avoir les deux SIM actives en même temps et donc de recevoir messages, appels des deux numéros, ou vous pouvez choisir laquelle vous activez. Cela peut être une option si vous voulez garder votre numéro de téléphone pour recevoir les appels mais que vous voulez une carte SIM locale pour avoir de la data pour pas cher. Cependant il vous faut un téléphone adapté, capable de recevoir deux cartes SIM.

Les 31 applications mobiles utiles

Transports & Navigation

Il va de soi que vous aurez les applications des compagnies aériennes ou les comparateurs de vols sur lesquels vous avez fait vos réservations. Mais il y a d'autres applications qui peuvent vous intéresser :

	Rome2Rio Un moteur de recherche de transport multimodal en ligne qui aide les voyageurs à se rendre et à partir de n'importe où dans le monde.
	Waze Assistance de navigation pour lorsque vous conduisez.
	Uber Disponible dans beaucoup de pays, cela vous permet de vous déplacer de manière sécurisée sans être surpris par les prix.
	CityMapper Vous permet de connaître les options de transports dans les grandes villes comme Paris, Madrid, Londres, Dublin… Afin de ne pas vous perdre, savoir votre temps de trajet et le prix que celui-ci coûte ! Mais aussi connaître les options à pied, vélo et uber.
	Maps.Me Fournit des cartes hors ligne pour se guider sans avoir besoin d'internet. Il suffit de télécharger les cartes en avance.

Logement & Coworking

Là je n'ai d'autres applications à vous conseiller que les options citées dans les chapitres sur le logement et le lieu de travail, c'est -à -dire des applications telles que **Booking.com , Hostel World, Airbnb, Cowork Booking, Desk Pass,** etc.

Banques & Paiements

En dehors des applications de vos banques, il y a quelques applications relatives à vos paiements qui pourraient vous être utiles :

	Triccount Pour faire ses comptes entre amis de manière simple et rapide. Entrez toutes vos dépenses, et l'application vous dira qui doit combien et à qui.
	Paypal Faire des paiements en ligne sans entrer les informations de la carte bancaire, de manière sécurisée.
	Lydia Permet d'envoyer et de recevoir facilement de l'argent via son numéro de téléphone.
	**XE Currency** Convertisseur de devises pour connaître les taux de change en direct. Cette application permet aussi de transférer de l'argent vers d'autres comptes dans d'autres devises de manière rapide et à petit prix.
∑ TransferWise	**Transfer Wise** Cette application permet aussi de transférer de l'argent vers d'autres comptes dans d'autres devises de manière rapide et à petit prix, comparé aux frais importants que les banques peuvent prendre sur les transferts internationaux.

Activités

	TripadVisor Découvrez de nombreuses activités, restaurants, hôtels et comparez les centaines de millions d'avis donnés par les autres internautes, pour faire votre choix.
	Get Your Guide Agence de voyage en ligne qui vous permet de réserver vos activités en un clic pour que vous profitiez plutôt que vous planifiez.
	Mapster Un réseau social et une application bourrée d'idées d'activités, restaurants, bar, etc. L'application vous permet d'enregistrer vos lieux favoris afin de les partager avec les autres utilisateurs, et de voir les leurs.
	HoodMaps Tous les conseils avisés qu'on n'arrive d'habitude à obtenir que par le bouche-à-oreille, afin de connaître les meilleures spots, les ambiances par quartier, etc.
	**Fever** Découvrez tous les évènements tendances et insolites que la ville a à vous offrir et réservez les facilement.
	**MeetUp** Ce n'est pas une application pour "dater" mais une application pour participer à des évènements à proximité et rencontrer de nouvelles personnes afin d'élargir votre réseau quand vous arrivez dans une nouvelle ville.

Organisation & Productivité

	Google Drive Pour avoir tous vos documents en ligne, de manière sécurisée.
	Dashlane Un gestionnaire de mot de passe pour plus de sécurité.
	Wifi Finder Il existe plusieurs applications gratuites sur Android ou iOS qui vous permettent de trouver de la wifi autour de vous comme l'app Wifi Finder.
	Internet speed test Il existe plusieurs applications gratuites sur Android ou iOS qui vous permettent de tester le débit.
	VPN Ou réseau privé virtuel, afin d'isoler votre ordinateur du reste du trafic, notamment quand vous êtes sur des Wifi peu sécurisées. Il existe plusieurs applications gratuites sur Android ou iOS.
	Evernote Enregistrer des informations, sous forme de notes, images, vidéos, ou pages web.
	Trello Gestion de projet en ligne pour mieux gérer vos tâches et permettre un travail en équipe plus organisé.
	Monday.com Gestion de projet en ligne pour mieux gérer vos tâches et permettre un travail en équipe plus organisé. Cette application à la spécificité de pouvoir être utilisée hors ligne.

 **Notion**
Une application qui fait beaucoup. C'est une application qui fait à la fois prise de notes, bases de données, tableaux Kanban, wikis, calendriers et rappels. Elle peut être utilisée à titre individuel ou en équipe.

Sécurité

 **Conseils Aux Voyageurs** Application du Ministre des Affaires Etrangères qui vous permet d'avoir une information fiable sur chaque pays, les informations concernant la sécurité, les droits d'entrées, contacts utiles, etc.

Autres

 Google Translate
Pour pouvoir échanger facilement avec les locaux si vous ne parlez pas leur langue. Les nouvelles versions de Google translate sont très poussées et vous permettent de traduire des textes grâce à la caméra de votre appareil, et de traduire oralement des phrases grâce à votre dictaphone, plutôt que de devoir les écrire.

 Tous AntiCovid
Pour garder votre pass sanitaire à portée de main pendant vos voyages, sachant qu'il vous sera encore beaucoup demandé.

 EasyClick2Call OVH
Permet de passer vos appels avec votre numéro mobile depuis internet, ce qui permet de supprimer les coûts des appels depuis l'étranger.

	PolarSteps Permet de vous localiser tout au long de vos voyages, que les photos prises soient géolocalisées, possibilité d'écrire un blog et de le partager avec vos amis.
	Happy Cow Listing des restaurants végétariens et vegan proches de vous.
	**Refill My Bottle** Connaître les stations d'eau potable autour de vous pour remplir votre bouteille.

Les Visas

En tant que français, pour voyager dans certains pays vous aurez besoin d'un visa et pour d'autres non. Cela dépend des accords bilatéraux entre la France et les autres pays. Pour les pays qui exigent un visa, celui-ci est votre ticket d'entrée. Sans lui, vous ne pourrez pas rentrer de manière légale sur le territoire. Avant de voyager, renseignez-vous bien à ce sujet.

Où faire sa demande de visa ?

Faire sa demande de visa soi-même.

Il est conseillé de faire vos visas avant votre départ. Cela se fait d'abord en ligne, sur les sites des ambassades des pays que vous souhaitez visiter. Chaque pays vous donnera le processus à suivre pour obtenir le visa et les informations à fournir.

- Dans certains cas, il vous faudra prendre rendez-vous à l'ambassade du pays pour aller y déposer votre dossier et recevoir votre passeport avec le visa quelques jours après.
- Dans d'autres, toute la procédure se fait en ligne.

Faire appel à des agences de visas.

Comme **Action Visas** ou **Visa Travel**, qui proposent de prendre en charge toutes les formalités administratives à votre place. Cela vous permet de gagner du temps, mais il a un coût. Et ce coût dépend des pays demandés, et de leur nombre.

Combien de temps prend la demande de visa ?

Un visa peut prendre une semaine à trois semaines à obtenir (sauf si vous faites une demande urgente, plus chère, cette période sera alors écourtée). Un E-Visa prend seulement quelques jours a être obtenu électroniquement (vous n'avez pas à aller à l'ambassade).

Quels sont les 4 types de visas ?

Le visa à payer avant l'arrivée

Comme vu au-dessus, vous devez vous rendre sur le site des ambassades des pays que vous souhaitez visiter, plusieurs semaines auparavant pour faire une demande officielle de visa.

Le visa à payer lors de votre passage à la douane

Lorsque vous arriverez dans le nouveau pays, vous allez devoir passer des douanes (et si vous n'en avez pas à passer, par exemple que vous arrivez par la route, vous devrez quand même vous présenter et faire la demande officiellement, car sinon vous serez considéré comme étant entré illégalement sur le territoire). C'est le douanier qui, sur place, vous délivrera votre visa après s'être assuré de la raison de votre visite et de vos dates (des preuves d'entrée et sortie du territoire peuvent être demandées). Ce visa à l'arrivée est souvent payant et ils n'acceptent pas toujours la carte bancaire; il est donc important d'avoir toujours un peu d'argent sur soi.

Le E-Visa

C'est un visa dématérialisé, donc qui n'ira pas dans votre passeport. Vous faites le plus souvent cette demande en ligne. Vous recevrez le e-visa quelques heures ou quelques jours après avoir fait la demande en ligne. Il est conseillé de l'imprimer sous forme papier, cependant certains sont maintenant sous forme de QR code et peuvent être scannés.

Le Visa de transit

Tous les billets achetés ensemble: Lorsque vous changez d'avion dans un pays, vous n'avez normalement pas besoin de visa. Vous serez en transit et n'aurez pas besoin de sortir du terminal et donc de passer les douanes.

Billets achetés séparément : si vous êtes obligé de sortir et de rerentrer dans le terminal, alors vous serez obligé de passer par la douane pour rentrer sur le territoire et en ressortir juste après. Dans ce cas là, vous aurez besoin d'un visa de transit.

À savoir :

- Dans certains pays comme en Europe, ou certains pays d'Asie de l'Est ou d'Amérique Latine, aucun visa n'est nécessaire.
- On ne parle pas ici des visas de travail car votre activité étant en ligne, vous ne chercherez pas à trouver un travail sur place. Les visas touristiques sont donc plus appropriés pour vous.
- Si vous avez besoin d'entrer et de sortir plusieurs fois d'un pays, par exemple si vous vous baladez à la frontière entre deux pays, vous pouvez faire la demande avant votre départ de visa à plusieurs entrées durant la durée de validité de votre visa. La plupart des pays proposent cette option, ce visa est légèrement plus cher qu'un visa à entrée unique.

Dans quels pays faut-il un visa ?

Le meilleur site pour savoir s'il vous faut un visa ou non en tant que
français pour chaque pays est **Tourdumondiste**. Ils ont fait un super
boulot en collectant toute cette information sur le site du Ministère
des Affaires Étrangères tout en le rendant plus lisible. Je vous
conseille d'y faire un tour !

Toutefois, comme ils le disent eux-mêmes, leur carte ayant été mise à
jour en 2018 vérifiez bien les informations sur le site du Ministère
des Affaires Étrangères. Vous avez l'information dans chaque fiche
pays sous l'onglet "Entrée / Séjour."

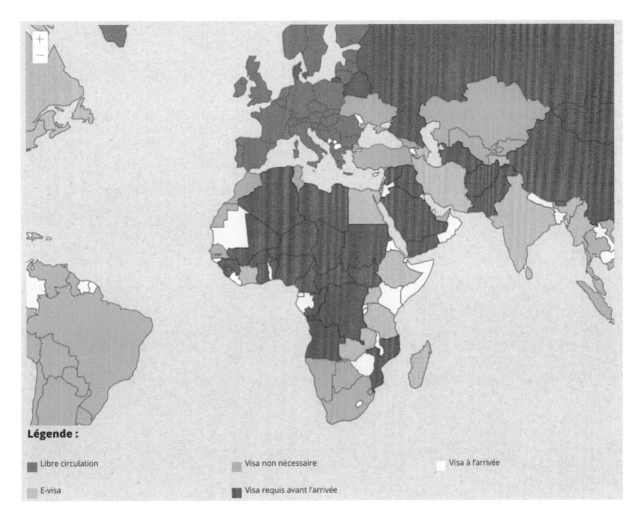

Légende :

Libre circulation   Visa non nécessaire   Visa à l'arrivée

E-visa   Visa requis avant l'arrivée

Les impôts

Dois-je payer mes impôts fiscaux en France ?

Si vous êtes résident fiscal en France oui, sinon non. Mais quels sont les critères pour être un résident fiscal en France ?

C'est **l'article 4 B du Code général des Impôts** qui va définir si vous êtes résident fiscal français.

L'article 4B pose 4 critères pour déterminer si vous êtes résident en France :

- Les personnes qui ont leur foyer en France (foyer permanent, où vous habitez habituellement).
- Les personnes dont le lieu de leur séjour principal est la France (là où vous passez au moins 6 mois par an soit 183 jours).
- Celles qui exercent en France une activité professionnelle, salariée ou non, à moins qu'elles ne justifient que cette activité y est exercée à titre accessoire (pour les nomades on regardera si vous avez un point d'attache fixe en France, un établissement, ou encore si la majorité de leurs profits y sont rattachables.)
- Celles qui ont en France leurs intérêts économiques (sont pris en compte le siège de tes affaires, les principaux investissements, la provenance de la majorité de tes revenus…)

Seulement l'un de ces 4 critères doit être rempli pour être considéré comme résident fiscal en France. Donc pour la plupart des digitals nomades le lieu de résidence fiscal restera la France. Pour ne pas être considéré comme un résident fiscal français, vous devez apporter la preuve de votre résidence fiscale dans un autre pays.

Généralement, il faut donc vivre au moins 183 jours dans un autre pays, ce qui est rarement le cas des nomades digitaux.

Cependant, si vous êtes résident fiscal à l'étranger, faites attention à la double imposition ! En théorie, vous pouvez être considéré comme résident fiscal dans deux pays différents, et donc payer deux fois l'impôt car chaque pays à sa propre fiscalité. Cependant il existe de très nombreuses conventions fiscales bilatérales ayant pour objectif d'éviter les situations de double imposition. Mais il faut bien se renseigner sur ses droits et devoirs avant de partir !

L'Équipement

Voici une liste non-exhaustive du matériel lorsque vous portez votre maison sur votre dos ! L'objectif est d'être minimaliste, de mettre un peu d'argent là où ça compte (bon sac à dos, vêtements techniques) et de laisser en France le superflu. Cette liste d'équipements et de sacs permet de pouvoir passer en cabine afin de ne pas avoir à payer un bagage en soute à chaque voyage, ce qui est pas mal si vous prenez beaucoup l'avion. Si vous voulez un peu plus de confort, vous pouvez prendre un peu plus d'affaires et des sacs avec plus de capacité.

Les sacs

Objet	Commentaires	Exemples
Le sac à dos principal	L'objectif est que votre bagage passe en cabine pour éviter de payer les frais de soute à chaque fois ! Il doit comporter plusieurs compartiments et doit être assez léger (moins de 1.5kg à vide). Ref : Osprey Farpoint 40	
Le sac à dos pour les balades	Petit sac rétractable et imperméable de 15 à 20L pour vos sorties ! Ref : Zamake Sac à Dos 20L (Amazon)	
La Trousse de toilette	Doit comporter plusieurs rangements pour être bien organisée. Ne doit pas être trop grosse et doit être imperméable ! Ref : Cartiyya Trousse de toilette de voyage (Amazon)	

Les sacs de rangements internes	Pour être organisé même quand on bouge beaucoup ! Permet de faire et défaire ses valises rapidement. Ref : Vicloon 8-en-1 Set de Organiseurs de Bagage	
Le sac de linge sale	Un sac tout fin afin de séparer ses vêtements propres de ses vêtements sales ! Ref : DoGeek -Sac à Linge	
Le housse de protection du sac principal (option)	Pour le protéger de la pluie et du sable par exemple. Ref : Osprey Ultralight Raincover M	
Le sac à main (option)		-

*Ces liens sont des exemples de propositions.

Les vêtements

Voici une liste des principaux habits à prendre. Il est vrai que si vous faites à la fois des endroits très froids comme la Patagonie ou la Norvège en hiver et des endroits très chauds comme l'Egypte ou l'Australie en été vous ne pourrez pas tout caser dans un bagage cabine ! Là, trois solutions : soit prendre un bagage plus grand que vous aurez sur vous pendant tout votre voyage, acheter sur place les choses trop encombrantes et les donner à des associations après ou louer des habits techniques comme pour les randonnées (grosse chaussures) ou endroits froids (manteau, polaires, gants, bonnets…)

1, Manteau	En fonction des pays où vous allez prévoyez plus ou moins chaud ! Il peut s'agir d'un manteau de ville, d'un manteau plus sportif et léger ou d'une doudoune ultra légère.	-
1, Veste imperméable ou Poncho	Pour éviter de trop souffrir de la pluie et du vent !	-
1-2, Vestes chaudes technique et/ou polaires	Par exemple des vestes de sport qui sont à la fois chaudes et légères.	-
2-4, Pulls / T Shirt Manche Longue		-
4-6, T Shirts / Débardeurs	Mixer les beaux t-shirts de ville et quelques t-shirts techniques qui sont légers et respirants pour éviter les mauvaises odeurs.	-
1-2, chemises et/ou robes et/ou combishort	Parce qu'on aime bien se faire beau / belle parfois !	-
1-2 pantalons	Ne prenez pas des tenues trop salissantes comme un pantalon blanc.	-
2-3 shorts		-
1-2 pantalons de sport et/ou legging	Légers, ils ne prennent pas trop de place et peuvent souvent servir ! Autant pour les randonnées qu'en ville.	-
3-5, Paires de chaussettes	C'est un des accessoires qui prend le plus de place donc soyez astucieux. Et pendant votre vol, chaussez celles qui prennent le plus de place. Il est recommandé d'avoir au moins des chaussures de marche et des tongs/sandales. Vous pouvez aussi prendre des baskets en toile pour la ville ou des	-

	chaussures d'eau si vous en ressentez le besoin !	
7-9, Culottes / Slips	En espérant pouvoir faire un lavage (machine ou à la main) par semaine !	–
		–
2-3, paires de chaussures	En espérant pouvoir faire un lavage (machine ou à la main) par semaine !	–
1-2 maillots de bain		–
1 écharpe	Pratique pour ne pas prendre froid surtout dans les lieux climatisés comme l'avion !	–
1 casquette		–
1 paire de lunettes de soleil		–
1 pyjamas		–

L'électronique

Il est important de bien s'équiper pour pouvoir bien travailler !

Le / Les téléphones	–
Ecouteurs	–
L'ordinateur	–
Housse pour ordinateur	–
Clavier	–
Souris	–
Les chargeurs	–

La caméra (Ref : DJI Osmo Pocket)	
La Liseuse (option) (Ref : Kindle Paperwhite)	
La tablette (option)	–
Le Casque (option)	–
Chargeur portatif (option)	–

La trousse de toilette

On cite ici le strict minimum. Après chacun sa routine beauté…

Souvenez-vous que si vous prenez un bagage cabine vous serez limité en termes de liquides ! Les contenants doivent être placés dans un sac en plastique transparent fermé, chaque contenant ne doit pas dépasser 100 ml, le volume du sac plastique ne doit pas dépasser 1 litre. Un seul sac est autorisé par passager. Les crèmes et les pâtes sont comprises dans les produits liquides. Privilégiez du coup les produits solides pour ne pas remplir votre petit sac plastique trop vite (ex : shampoing solide, savon solide, dentifrice solide…). Les médicaments liquides font exception.

Brosse à dent	
Dentifrice	Celui-ci peut être solide ou sous forme de pâte.
Brosse à cheveux	Il existe de petits formats.
Rasoir	Attention ça ne passe pas dans tous les pays à la sécurité !
Crème solaire	Prendre un format voyage et acheter une crème solaire pour tout le corps sur place.
Déodorants	Il existe des formats solides aussi. Ne pas prendre d'aérosol, ça ne passe pas toujours en cabine.

La trousse de secours

Elle peut prendre un peu de place mais dans certains pays elle est essentielle ! Pensez à prendre le nécessaire pour traiter les plaies, désinfecter et demandez des médicaments et antibiotiques fiables à votre médecin avant de partir.

Trousse de secours	Il existe déjà des trousses pré-remplies assez complètes (avec ciseaux, lampe torche, pansements, désinfectant…). Le trousse doit être facilement transportable et assez résistante. Ref : TH-Some, Trousse de Premier Secours 18 Articles, Rouge Semi-Rigide	

Les accessoires

Voici une liste non-exhaustive qui ne rentre dans aucune des catégories, mais qui est réellement utile.

Serviette de bain	Privilégiez les serviettes microfibre. Elles sont certes moins douces mais sèchent très vite ce qui vous permet de les laver régulièrement et de ne pas mettre une serviette mouillée dans votre sac. Vous pouvez l'utiliser comme serviette de plage et de bain. Ref : Fit-Flip Serviette Microfibre	
Lampe Torche	Les lampes frontales sont une bonne option. Ref : LE Lampe Torche LED L8000 Puissante	
Cadenas	Privilégiez les cadenas à codes car les clés se perdent facilement. Ref : Fosmon Cadenas à Code	
Bouteille d'eau	Légère, elle ne doit pas prendre trop de place dans vos affaires. Si elle peut garder le chaud et le froid longtemps c'est un plus ! Ref : 24 hours bottle	
Couverts réutilisables	Car parfois ça va vous manquer surtout si vous êtes en randonnée ! Ref : Light My Fire Couvert Camping - Set Couverts	

Tupperware	Privilégiez des tupperware rétractables ce qui permet de gagner de la place dans vos affaires. Ref : Virklyee Boîte à Lunch Pliante en Silicone 4 Pcs	
Portefeuille	Privilégiez un petit portefeuille (ou porte carte) discret. Une protection NFC contre les piratages de vos cartes bancaires permet aussi plus de sécurité. Ref : Porte-Cartes de Crédit Portefeuille Homme et Femme gaddga® 3.0	
Mini Enceintes		–
MultiPrises	La plus petite possible !	–
Adaptateur Universel	Un adaptateur universel suffit ! Vous pourrez y brancher votre multiprise.	–

Quelles sont les tailles maximales des sacs cabines ?

La taille standard officielle d'une valise cabine est fixée par l'Association Internationale des Transports Aériens, l'IATA : 55 x 35 x 20 cm et d'un poids maximum de 10kg mais cela peut varier d'une compagnie à l'autre, en particulier chez les compagnies low cost.

Ma-Valise-Voyage.fr vous propose une liste des tailles et poids maximum pour votre valise cabine selon les compagnies aériennes.

Témoignages

"Au niveau du logement j'ai testé des Airbnb, mais du coup tu fais peu de rencontres, et d'offres de Colive comme Selina où l'on rencontre plus de monde. Et pour le travail j'ai toujours privilégié les espaces de Coworking, quitte à mettre un peu d'argent dedans, car dans les cafés tu peux être vite déconcentré." Jordan

"J'ai dû faire le tour du globe au moins 5 fois!" Zack

"Je me suis d'abord basée au Brésil où je me suis installée dans une colloc. Cependant l'Amérique Latine dans son ensemble m'attire, et je multiplie les voyages dans la région, soit pendant que je travaille, soit quand je prends une pause." Lucie

"C'est rare de trouver une même entreprise implantée dans plusieurs pays qui te donne accès aux mêmes standards, à un lit, un bureau et à une communauté. Comme j'étais là-bas pour travailler et non en vacances je ne voulais pas me prendre la tête à devoir chercher à nouveau dans chaque pays. Avec Selina on payait un prix au mois qui nous donnait accès aux différentes localisations en Europe, on a beaucoup aimé le concept."Elodie

"On ne choisit pas notre destination à l'avance, même si ça permettrait de réduire les coûts, car on veut pouvoir rester à un endroit si on s'y sent bien. Mais par contre on est flexible sur la prochaine destination. On utilise Kiwi comme application de voyage et on regarde juste la météo des prochains mois puis les prix des billets d'avion." Marie

"Se lancer dans un tel projet avec peu d'argent est possible, pour notre part nous sommes partis à 2 avec moins de 5000€ en poche." Marie

"Faire du nomadisme dans les pays d'Europe rend les choses plus faciles au niveau de l'assurance, des cartes de crédit et pas besoin de visa !" Elodie

"Dans les pays où nous voyageons, nous utilisons une carte SIM locale sur un 3ème portable qui nous permet de passer des appels locaux et de faire antenne 4G. Au niveau de la carte bancaires nous avons gardé nos françaises pour les gros achats en ligne, comme les billets d'avions et nous avons une carte N26 pour les achats du quotidien." Marie

"Quand je change de pays je me renseigne sur les visas et privilégie celles pour lesquelles, au moins pour quelques semaines, on n'en a pas besoin, ou ce sont des visas faciles à faire faire à la frontière." Zack

Planifier son nomadisme le process

Suggestion Planning 1

Voici une suggestion de planning si vous souhaitez partir en nomadisme pour un an et visiter plusieurs pays sur différents continents. Il est conseillé de s'y prendre en avance pour diminuer les coûts, être capable de mettre un maximum d'argent de côté et partir sereinement. Ici, le plus gros du voyage se prépare en amont (points de chute principaux, activités touristiques importantes, billets d'avions principaux, etc)

De 6 à 4 mois avant
- [ ] Choisir ses destinations (envies, budget, météo…)
- [ ] Choisir sa date de départ et ses grands passages
- [ ] Budgétiser son voyage
- [ ] Réajuster ses plans

4 mois avant
- [ ] Vérifier la date de validité de son passeport
- [ ] S'informer sur les vaccins à faire et commencer à les faire
- [ ] Faire un dernier tour chez le / les médecins.
- [ ] Acheter les principaux billets d'avions

3 mois avant
- [ ] Faire ses visas
- [ ] Faire une demande de permis international
- [ ] Vendre les affaires dont vous n'avez plus besoin
- [ ] Résilier tous les abonnements non-nécessaires pour dans 3 mois

2 mois avant

- ☐ Acheter les équipements nécessaires (sacs, vêtements techniques…)
- ☐ Vérifier sa carte de crédit actuelle (date d'expiration, plafond…) et prendre une seconde carte de crédit (néo banque, banque en ligne…)

1 mois avant

- ☐ Prendre les logements pour les 2 premiers mois
- ☐ Réserver les activités très touristiques pour ne pas qu'elles soient complètes
- ☐ Souscrire à une assurance voyage

1 à 2 semaines avant

- ☐ Faire son sac
- ☐ Acheter les médicaments importants
- ☐ Faire des photocopies de ses papiers importants
- ☐ Prévenir ses amis et sa famille de son itinéraire et des meilleurs moyens pour vous contacter

Suggestion Planning 2

Voici une suggestion de planning pour les gens qui font plus au fil de l'eau, veulent choisir peut-être moins de pays mais y rester plusieurs mois à chaque fois. Dans ce cas, les visas suivants peuvent être faits au cours du voyage, en relation avec les ambassades françaises du pays. Ici l'organisation ne se fait pas tout d'une traite mais par cycle de 2 ou 3 mois à l'avance.

3 mois avant

- ☐ Choisir ses 1 ou 2 premières destinations
- ☐ Budgétiser ses premières destinations
- ☐ Vérifier la date de validité de son passeport
- ☐ Faire ses vaccins
- ☐ Faire un dernier tour chez le / les médecins.

2 mois avant

☐ Faire ses visas
☐ Faire une demande de permis international
☐ Vendre les affaires dont vous n'avez plus besoin
☐ Résilier tous les abonnements non-nécessaires
☐ Prendre ses premiers billets d'avions

1 mois avant

☐ Acheter les équipements nécessaires (sacs, vêtements techniques…)
☐ Vérifier sa carte de crédit actuelle (date d'expiration, plafond…) et prendre une seconde carte de crédit (néo banque, banque en ligne…)
☐ Prendre ses premiers logements
☐ Souscrire à une assurance voyage

1 semaine avant

☐ Faire son sac
☐ Acheter les médicaments importants
☐ Faire des photocopies de ses papiers importants
☐ Prévenir ses amis et sa famille de son itinéraire et des meilleurs moyens pour vous contacter

Témoignages Complets

Mounir L - 29 ans - Freelance / E-Commerce

Quel est son parcours ?

Après des études en finance d'entreprises et 2-3 ans de travail dans des boîtes à Paris, il décide de tout quitter pour partir faire un road-trip en Australie avec des amis, où il goûte pour la première fois à ce sentiment de liberté. Mounir finit quand même par rentrer de son voyage et accepte un CDI, mais il garde en tête l'envie de devenir indépendant et de faire un métier qui lui plaît avec le challenge en plus.

Quel est son projet ?

Autodidacte, il s'intéresse à l'E-commerce et au drop shipping, via des vidéos Youtube et des groupes Facebook sur le sujet. Ces communautés d'entraides ont été un vrai accélérateur pour lui. Il en rencontre certaines pour faire des sessions de travail dans des bars et commence à monter ses premiers shops. "Il s'agit de beaucoup récolter et croiser les informations afin de pouvoir se les accaparer et tracer son propre chemin pour mieux se lancer. Cela peut prendre du temps, on fait des erreurs, mais c'est la façon la plus pérenne de réussir."

Pour pouvoir vivre du dropshipping, Mounir ouvre d'abord un site par mois, puis 5 à 10 shops par jour. Il a maintenant plus de 100 sites lancés, dont un sur lequel il se concentre car il a trouvé une niche grandissante. "Pour réussir dans le dropshipping, il faut lancer des sites en masse selon les produits qui, tu penses, se vendent le mieux. Pour savoir cela tu as des outils, indicateurs de tendances. Certains ne marcheront pas et d'autres au contraire te rapporteront beaucoup."

Quels sont les avantages et inconvénients à devenir indépendant ?

"Un avantage d'être son propre patron c'est que tu fais ce qui te plaît et ça, c'est non négligeable… Tu apprends 3 fois plus de choses et 3 fois plus vite. Et si tu es bosseur et fais les bons paris tu peux gagner bien plus qu'en tant qu'employé."

"Cependant il y a aussi des désavantages à se lancer seul. Tout d'abord, on ne le dit pas assez, tu es livré à toi même, il y a peu d'informations sur la gestion d'une boîte, le type de statut à créer… et pas de suivi." "On nous apprend à faire attention à l'argent des autres mais pas au sien. On te prend comme si tu étais censé tout connaître et on ne te laisse pas la possibilité de faire des erreurs au début." "Les entrepreneurs sont souvent peu récompensés, il y a beaucoup de projets qui tombent à l'eau avant que l'un ne réussisse, mais il ne faut pas baisser les bras et toujours prendre ses échecs comme un apprentissage."

Des derniers conseils ?

"Il faut être capable de rebondir et passer à autre chose facilement quand un projet ne marche pas."

"Si on n'y connaît pas grand-chose aux questions administratives et au juridique, il ne faut pas hésiter à se faire accompagner, ça vous fera gagner beaucoup de temps et sûrement d'argent sur le long terme."

"Quand on travaille seul, il est facile de se démotiver, il faut s'imposer une routine et des objectifs concrets à réaliser pour rester motivé !"

Aurélie F - 27 - Reconversion graphisme

Quel est son parcours ?

Après 4 ans en tant qu'infirmière en France métropole, en Guadeloupe et à la Réunion (histoire de voyager un peu quand même…) Aurélie est en train de se reconvertir en tant que graphiste. Cette réalisation est venue lors d'un voyage de 6 mois où elle a fait des montages vidéos de son aventure. Être libre, laisser libre cours à sa créativité et réaliser des projets concrets lui ont beaucoup plu. "Un des inconvénients dans le métier d'infirmière est le peu de reconnaissance. Une infirmière n'est pas tout le temps respectée et n'est pas choisie 'pour ses qualités propres'. Il suffit d'avoir fait des études d'infirmière et d'avoir un peu d'expérience, alors on peut te remplacer très rapidement. Et moi je voulais être choisie pour mon travail et ma créativité, et faire quelque chose qui me soit unique."

"La décision de reconversion au début n'a pas été facile car je ne connaissais pas beaucoup de personnes autour de moi qui l'avaient fait. Je suis beaucoup entourée d'infirmiers et de médecins." Mais après avoir pesé le pour et le contre pendant plusieurs mois, et avoir suivi des influenceurs du métier sur Youtube et Instagram, elle décide de se lancer dans une formation.

Quelle formation reconversion a-t-elle choisi ?

"J'ai choisi l'EDAA, une école à distance d'arts appliqués, où tu apprends à ton rythme, avec un diplôme qui est reconnu par l'État." La formation est très concrète, les évaluateurs sont des gens du métier, il y a des groupes d'entraides sur Facebook, il y a la possibilité de faire 1 à 2 stages de deux mois, au bon vouloir de l'élève… Cette option est pratique pour Aurélie qui continue à exercer le métier d'infirmière à côté et donc ne peut pas se former 35h par semaine.

Quelles sont les aides qu'il est possible d'obtenir lors d'une reconversion ?

"Pôle emploi peut aider pour ce genre de reconversion, mais il faut bien faire une demande d'aide avant de s'inscrire à la formation pour réaliser toutes les démarches avec eux, sinon ils ne financeront rien. Je conseille aussi de se renseigner sur les aides de la région et certains autres organismes qui aident à la reconversion dans certains métiers. Ils ont des critères plus spécifiques que Pôle emploi, mais parfois cela peut correspondre à votre projet."

Des derniers conseils ?

"Il faut sauter le pas, ça vaut le coup de faire quelque chose que l'on aime et dont on est fier."

"J'apprécie beaucoup les reconversions en ligne qui nous donnent beaucoup de flexibilité et sont plus 'droit au but' que ¾ ans d'écoles."

"Étant encore en formation je ne peux pas dire grand-chose sur l'après, mais j'attends du métier de graphiste que cela m'apporte une plus grande liberté, par exemple pouvoir télétravailler, et un meilleur salaire quand j'aurai accumulé de l'expérience".

Jordan M. - 33 ans - Auto Entrepreneur

Quel est son parcours ?

Après 5 ans d'études en tant qu'ostéopathe et 2 ans de métier, Jordan trouve le métier ennuyeux, répétitif et trop 'enfermé à l'intérieur'. Il a besoin de voyages et de rencontres. Après un voyage en Asie pour aller surfer, il décide de vendre son cabinet et de continuer à voyager. Jordan a en tête de monter un projet qui lui permettra d'allier ses connaissances en ostéopathie et un concept digital, lui permettant ainsi de rester 'remote' et de gagner sa vie autrement.

Quel est son projet ?

En 2020 il part avec en tête un projet de construire une plateforme interactive d'apprentissage de l'anatomie, à destination des étudiants en ostéopathie. C'est un domaine qu'il connaît bien et il sait à quel point il est difficile d'apprendre à l' université "car le matériel n'est pas adapté."

Autodidacte, il apprend grâce à des vidéos Youtube et des séminaires à coder et à dessiner sur une tablette graphique. Grâce à des podcasts et des livres comme 'Lean start up' et 'Atomic habits' il apprend à se structurer. Mais, selon lui, une grande valeur à être digital nomade est l'entraide. Il va à la rencontre d'autres nomades qui ont eux aussi leurs projets et parfois des compétences dont il a besoin. Ces derniers vont lui permettre de débloquer ses problèmes techniques ou l'aider à mieux se structurer ou même se remotiver. "L'entraide entre nomade est grande, et elle est importante car elle te permet de voir les choses d'une autre façon et d'avancer plus vite et plus loin".

"Quant aux économies, elles donnent une deadline pour vivre de son projet, c'est à la fois stressant mais aussi le seul vrai booster pour se lancer."

Quels sont ses conseils pour les choix du logement et de l'espace de travail ?

Jordan bouge quand il en a envie, entre l'Europe, l'Asie et l'Amérique latine, dans des pays où il est possible de surfer et vivre pour moins cher. Il fait toujours bien attention à avoir une bonne connexion internet et des espaces de travail dédiés pour rester concentré.

"Au niveau du logement j'ai testé Airbnb, mais du coup tu fais peu de rencontres, et des offres de Colive comme Selina où l'on rencontre plus de monde. Et pour le travail j'ai toujours privilégié les espaces de Coworking, quitte à mettre un peu d'argent dedans, car dans les cafés tu peux être vite déconcentré."

Quels sont les avantages et inconvénients à être nomade ?

L'avantage principal selon Jordan sont les rencontres qu'il a pu faire durant ses voyages, qui l'ont nourri et ont permis son développement personnel et professionnel. Il a pu aussi tester de nouveaux sports, types de nourriture ou activités, ce qu'il n'aurait jamais fait en restant dans son cabinet. Par contre, toutes ces nouvelles rencontres impliquent aussi beaucoup de simples passages, donc au final beaucoup de solitude.

Des derniers conseils ?

"La qualité principale à avoir selon moi pour être auto-entrepreneur, c'est la détermination. Ne jamais lâcher parce que l'on a peur, on peut toujours trouver du travail après si on en a vraiment besoin."

"Il faut s'adapter, être ouvert et toujours chercher à aller à la rencontre des gens. C'est là que tu fais les plus belles découvertes personnelles et professionnelles et c'est ce qui te permet d'avancer."

"Il faut s'auto-surveiller, se mettre des règles. Car quand tu travailles dans des lieux paradisiaques, avec des milliers d'activités sympas à essayer, il est facile de vouloir juste en profiter…"

Clara M. - 28 ans - Product Owner

Quel est son parcours ?

Entre le Canada, les Pays-Bas ou les Canaries, Clara aime voyager. Et, après des études à HEC Montréal, elle a toujours cherché un job qui lui permettait de continuer à se déplacer. Elle choisit de prendre des contrats locaux au Canada et aux Pays-Bas, ces derniers étant moins strictes que les CDI français qui peuvent restreindre sa mobilité. Travaillant pour des entreprises tech en tant que Product Owner, elle n'a pas besoin d'être toujours physiquement sur place.

Dans quel sens as-tu voyagé ?

"J'ai d'abord pris des postes locaux et je me suis donc installée dans des villes pendant plusieurs mois." "J'ai ensuite décidé de garder mon poste à Amsterdam mais de voyager en Europe et je suis partie pendant 6 mois aux Canaries, avec mon copain. On cherchait le soleil et la plage, et on passait environ un mois sur chacune des îles.." Clara reconnaît que, même si le lieu est paradisiaque, elle n'est pas en vacances et il faut rester 'focus' sur son boulot et être disponible pour ses équipes. Mais être à l'étranger permet de mieux se déconnecter à la fin de journée.

Quels sont les avantages et inconvénients à être nomade ?

"Un des principaux avantages c'est la possibilité de déconnexion totale, qui fait que tu profites beaucoup plus une fois le travail terminé; tu es d'autant plus motivé et efficace quand tu bosses. Le fait de s'installer quelque temps dans un nouveau lieu te permet de profiter davantage 'comme un local' que comme un simple touriste, ce qui te donne l'occasion de beaucoup mieux comprendre et apprécier la culture."

"Pour les inconvénients ? Tu es parfois loin de tes équipes et donc tu n'es parfois pas au courant de tout ce qui se pass; beaucoup de choses sont dites et conclues durant les pauses-cafés ou dans les couloirs.

Par rapport à tes amis tu es donc moins présent dans leur quotidien et tu peux rater certains événements."

Clara assure que maintenant, lorsqu'elle cherche un poste, elle vérifie bien que son nouvel employeur permet le télétravail, et 'à quel point'. "Même si ce n'est parfois pas un avantage que tu obtiens au début, car il faut qu'ils apprennent à te connaître et à te faire confiance, mais j'aime savoir qu'il y a cette possibilité au moins après quelques mois."

Des derniers conseils ?

"Il y a de plus en plus d'opportunités en télétravail et il ne faut pas hésiter."

"Le voyage n'a donc pas besoin d'avoir un sens et nous ne devons pas obligatoirement être en perpétuel mouvement."

"Il ne faut pas se fermer à d'autres types de contrats, autres que français."

"Il ne faut pas hésiter à franchir le pas, dans le monde d'aujourd'hui c'est plus simple de voyager que l'idée qu'on s'en fait."

Zack H. - 29 ans - Graphiste

Quel est son parcours ?

Zack est graphiste de formation, il a justement choisi ce travail sachant que l'un des bénéfices était une totale autonomie. Il travaille d'abord 5 ans dans des agences de communication pour apprendre les rouages du métier et se faire le plus de contacts possibles. N'ayant pas beaucoup voyagé quand il était petit, il a besoin de se lancer et de se confronter au monde extérieur. Cela fait maintenant plus de 6 ans qu'il vadrouille "J'ai dû faire le tour du globe au moins 5 fois!"

Quels sont ces conseils pour travailler en tant que nomade freelance?

À sa sortie, il emmène deux de ses meilleurs clients avec lui. "Au début, par peur de manquer de clients et d'argent j'ai démarché d'autres petits clients, et j'ai rapidement été sous l'eau.", "Les petits clients aux petits budgets sont ceux qui sont les plus difficiles et vous prennent le plus de temps. Si vous avez déjà quelques années dans le métier et un bon portfolio, il vaut mieux se concentrer sur 2 à 3 moyens ou gros clients." "De plus, on a du mal à savoir au début combien de temps vont nous prendre toutes les petites tâches administratives que l'on est obligé de faire mais pour lesquelles on n'est pas payé." Du démarchage à la production, au rendu… Il est vrai que devenir son propre patron veut aussi dire tout gérer soi-même, et faire plusieurs métiers en un ! (Devenir son propre comptable, son propre vendeur, son propre service client).
Mais Zack apprend de ses erreurs et se limite à quelques gros clients, "J'ai appris à dire non".
Il applique quelques techniques de productivité pour avoir à travailler le moins possible au même prix.
Enfin, il apprend aussi à fermer son ordinateur et à décrocher après le travail, "car sinon j'aurais tout aussi bien fait de rester en France!."

Dans quel sens fait-il son tour du monde ?

"Aucun, je fais plutôt des zigzags.." Zack fait en fonction de ses envies, de là où sont ses amis qui vadrouillent aussi, des gens qu'il rencontre sur sa route où en fonction de grands évènements comme 'Le festival des lanternes' en Thaïlande, qui se déroule en Février, ou 'Le nouvel an chinois' en Janvier, 'Le carnaval de Rio' en Février… "Je veux vivre tous ces grands moments, et mon travail me le permet." Par rapport au choix des pays, il faut faire une balance équilibrée entre les pays plus chers et les pays moins chers que la France, pour toujours avoir un revenu favorable.

Quels sont tes conseils pour bien gérer son budget quand on bouge autant ?

"Pour bien gérer son budget, il faut soit s'y prendre en avance, ce qui n'est pas mon cas sauf pour des grands événements, soit être très flexible et savoir s'adapter à pas mal de situations. Peut-être qu'un jour tu dormiras dans un hôtel, et le lendemain dans une auberge de jeunesse ou chez l'habitant… Tu sais pas !"
Zack n'est pas très regardant sur l'endroit où il dort mais par contre il accorde une très grande importance à son lieu de travail. "Il me faut du bon réseau, et beaucoup de calme." C'est pourquoi il privilégie les espaces de coworking, les Airbnb, les hôtels, etc. "si jamais je dois trouver un lieu rapidement où travailler car j'ai une urgence, je préférerai un lobby d'hôtel plutôt qu'un café."

Quels sont les avantages et inconvénients à être nomade ?

"Même si je suis plutôt extraverti et n'ai pas peur de la solitude, le fait de ne pas partager cela avec des personnes qui me sont chères et que je connais depuis longtemps est difficile."
"Le retour aussi est difficile. J'essaye de rentrer au moins un mois par an à Noël ou en été. La première semaine tu profites à fond, mais après tu retombes dans ton quotidien d'avant et il est dur de s'en arracher pour repartir… Même si au final je suis toujours content de l'avoir fait."
Cependant, les avantages sont nombreux. Sans cette liberté, Zack n'aurait jamais pu vivre toutes les expériences qu'il a vécues ni rencontrer toutes les personnes qu'il a rencontrées.

Des derniers conseils ?

"Le voyage et les rencontres amènent un côté spirituel à ton aventure, et une perpétuelle remise en question qui, je pense, est saine."

"Il ne faut pas être trop gourmand et accepter trop de clients, c'est se mettre une balle dans le pied. J'ai appris à dire non."

"Quand je change de pays je me renseigne sur les visas et privilégie ceux dont on n'a pas besoin au moins durant les premières semaines, ou ceux qui sont faciles à faire à la frontière."

Lucie G. - 31 ans - Auto Entrepreneur

Quel est son parcours ?

Après 5 ans dans une banque en finances à faire un travail qui ne lui plaît pas mais qu'elle connaît et qui rapporte de l'argent, Lucie part un jour au Brésil pour des vacances d'été. Pendant 3 semaines elle apprend à surfer, fait du pilates, du yoga, voyage dans tous les recoins, goûte des plats locaux… Elle a de nouveau la sensation de vivre et profiter. Ce voyage va chambouler sa vie et ses plans de carrière. Rentrée en France, elle passe encore un an à la banque, mais elle change drastiquement son rythme de vie. Avant pas très sportive, elle commence à faire du yoga, du pilates et même du Crossfit. Avant très gourmande, elle commence à cuisiner des plats équilibrés. Avant fumeuse, elle décide d'arrêter. Elle n'a plus qu'un objectif en tête : vivre de ses nouvelles passions, le sport et le bien-être, et partir de France.

Comment s'est elle lancée dans son projet ?

Elle se lance sur Instagram et Facebook en racontant sa propre histoire, de son changement physique à son changement de mentalité. Elle quitte tout en France, son job, son appartement et même sa relation, et part pour le Brésil.

Avec un statut d'auto-entrepreneur, elle lance son site internet et propose des cours individuels très personnalisés qui prennent en compte le sport, l'alimentation et le mental.

"Si je donne 12 cours privés à des prix français, cela me laisse de quoi bien vivre au Brésil. En effet, cela me laisse du temps libre, mais ça ne prend pas en compte tout le travail de fond, à la fois marketing pour se faire connaître, la préparation des cours, la création de nouvelles recettes et toute la paperasse administrative…."

"Au début il y a des moments durs, car tu n'as pas beaucoup de clients et tu te demandes si tu vas réussir à vivre de tes économies ? Si le business plan que tu as choisi et les prix que tu as fixés sont les bons ? Là-dessus, je me suis beaucoup reposée sur les conseils de mon entourage et même de ma communauté, qui m'ont aidée à adapter ma proposition à leurs besoins et budgets. Ceux qui te suivent depuis le début sont bienveillants et veulent que tu réussisses et donc te donneront de supers conseils."

Est ce que tu voyages avec ton métier ?
"En soit oui, je peux me le permettre. Je me suis d'abord basée au Brésil où je me suis installée dans une colloc. Cependant, l'Amérique Latine dans son ensemble m'attire, et je multiplie les voyages dans la région, soit pendant que je travaille, soit quand je prends une pause." "Ici il y a plein de nomades comme moi, donc quand je propose un voyage pour visiter un nouveau pays j'ai toujours des gens pour m'accompagner".

Des derniers conseils ?
"Dans la vie il se peut que l'on ait plusieurs métiers et qu'ils soient bien différents. Il ne faut pas en avoir peur, l'objectif est d'avoir le moins de regrets possible."

"Il ne faut pas rester dans sa cage dorée. On a beau gagner pas mal d'argent, si on est vraiment malheureux on est perdant."

"Travailler pour travailler VS avoir trouvé sa passion, ça n'a rien à voir. Aujourd'hui, je me lève tous les matins hyper motivée, contente de travailler, je peux y passer des heures sans voir le temps passer. Je suis payée pour ce que j'aime faire et c'est incroyable."

"Entourez-vous de personnes bienveillantes qui sauront vous accompagner, et n'écoutez pas trop les critiques négatives. Celles-ci sont parfois basées sur de la jalousie et juste un manque de compréhension de ce qui est important pour vous."

Elodie R. - 26 ans - Marketing Digital

Quel est son parcours ?

Durant ses années en école de commerce, Elodie a profité de toutes les opportunités pour faire des stages à l'étranger et un an et demi d'échanges hors Europe grâce à son école. Elle a choisi le master 'Digital' pour ses opportunités grandissantes, et la possibilité de voyager. À la fin de ses études elle est partie faire un V.I.E aux états-unis et quand elle est rentrée elle a tout de suite demandé un CDI avec détachement qui lui permettait de voyager en France et en Europe. "Je devais rester dans la région pour être sur les mêmes horaires que les équipes, rentrer si besoin en 24h, et cela était aussi plus facile au niveau des assurances." Pendant 2 ans elle parcourt les grandes villes d'Europe avec son copain, lui-même entrepreneur.

Comment as-tu tracé ton parcours de nomade ?

"J'ai regardé toutes les villes en Europe à moins de 4 heures de vol de Paris." Dans ses recherches elle trouve Selina, un concept de Colive/Cowork qui est le seul implanté dans plusieurs pays d'Europe. "C'est rare de trouver une même entreprise implantée dans plusieurs pays, qui te donne accès aux mêmes standards, à un lit, un bureau et à une communauté. Comme j'étais là-bas pour travailler et non en vacances je ne voulais pas me prendre la tête à devoir chercher à nouveau dans chaque pays. Avec Selina on payait un prix au mois qui nous donnait accès aux différentes localisations en Europe, on a beaucoup aimé le concept." Cependant, cette entreprise étant au début de son implantation en Europe, Elodie avoue que les standards n' étaient pas tous les mêmes, et que certaines localisations étaient "VIP" et donc ils devaient payer un supplément. "Par exemple, les standards et prix de Londres par rapport à Lisbonne, qui devaient être similaires sur papier étaient différents." "Cependant cela nous a permis de parcourir plus de 7 villes différentes en Europe en 10 mois de voyage, donc on était contents."

Comment travailler en tant que salarié en remote ?

C'est un contrat, une négociation qui se fait avec l'entreprise. La plupart du temps ce qui freine le plus les entreprises à ce sujet ce sont les assurances, pour leur employé et pour le matériel. "J'ai pris une assurance de mon côté pour mieux me couvrir." "Après, il faut savoir s'adapter aux horaires de tes équipes, si tu as quelques heures de décalage, car ils ne peuvent pas suivre quand tu bouges autant" "Enfin c'est une question de confiance, car personne n'est là pour vérifier que tu as bien fait ton travail, tu dois donc être très organisée."

Quels sont les avantages et inconvénients à être nomade ?

"Le plus gros avantage à être salarié nomade c'est que tu as la sécurité, et la liberté, et pour moi c'est le meilleur combo."
"Le fait de travailler à l'étranger fait que le soir, quand tu fermes ton ordinateur, tu te déconnectes vraiment, et tu vas découvrir la ville".
"Mais être nomade c'est aussi fatiguant émotionnellement car tu rencontres beaucoup de gens à qui tu t'attaches, tu commences à prendre tes marques dans la ville, et à avoir tes routines, puis il faut savoir s'en arracher et tout recommencer."

Comment avez-vous vécu cette expérience à deux ?

"On a eu de la chance d'avoir deux situations qui nous ont permis de partir ensemble. Personnellement, je trouve que vivre cette expérience à deux est génial, tu partages tout avec une personne. Après, il faut faire attention à ne pas se fermer aux autres et aux rencontres amicales que l'on pourrait se faire, car c'est aussi ce que l'on vient chercher en tant que nomade."

Des derniers conseils ?
"Organisez-vous à l'avance pour faire baisser les prix des billets d'avions, et soyez flexible sur l'ordre de vos destinations. Essayez de ne pas partir en haute saison, ça fait toute la différence."

"Trouvez-vous un confort de vie qui vous convient, que ça soit seul en Airbnb ou dans une communauté avec une colloc ou un Colive…"

"N'hésitez pas à négocier ce type de contrat avec votre entreprise, et venez préparé pour les rassurer sur les démarches administratives, assurances etc… Car les entreprises commencent à peine à regarder ce genre de contrats flexibles."

"Faire du nomadisme dans les pays d'Europe rend les choses plus faciles au niveau de l'assurance, des cartes de crédit et pas besoin de visa !"

Marie L. - 31 ans - Assistante Virtuelle

Quel est son parcours ?

Anciennement employée dans un magasin, Marie ne peut pas exercer son métier à distance. Elle et son conjoint décident quand même de partir de France pour voyager un peu, chose que ni l'un ni l'autre n'a vraiment eu la chance de pouvoir faire avant. Ils se donnent un an pour pouvoir opérer leur changement de vie. Du coup, Marie se renseigne sur comment elle peut gagner un revenu tout ayant cette flexibilité géographique. "Je savais que les métiers du digital me permettraient de réaliser mon projet, mais n'ayant aucune compétence dans le domaine et connaissant très peu les possibilités de jobs, j'ai passé 3 mois à chercher la meilleure reconversion." Elle trouve enfin une plateforme d'assistance virtuelle qui propose une reconversion courte et facile et qui n'est pas regardante sur le lieu où elle travaille dans le monde. Depuis 3 ans ils sont partis voyager en Asie afin de vivre une vie peu chère avec un salaire français correct.

Comment se passe son travail en tant qu'assistante virtuelle ?

Marie doit planifier quelques jours en avance ses jours de connexion. Elle travaille environ 5 à 6 heures par jour et environ 4 à 6 jours par semaine. "C'est un métier que je ne connaissais pas du tout, et certes ce n'est peut-être pas le métier de mes rêves mais cela me permet d'avoir un équilibre de vie et une liberté incroyable… Ce qui est bien plus important pour moi." "J'ai toujours eu envie de voyager et de découvrir de nouveaux pays; pendant longtemps ça n'a pas été possible, mais les métiers en ligne me l'ont permis."

Comment avez-vous organisé votre voyage ?

"On veut rester en Asie, car ce sont des pays et des cultures qui nous plaisent. La vie est aussi moins chère." Comme ils travaillent et ne peuvent pas profiter comme des touristes à 100% de leurs journées, ils passent plus de temps dans chaque endroit (à peu près 3 à 6 mois).

"On ne choisit pas notre destination à l'avance, même si ça permettrait de réduire les coûts, car on veut pouvoir rester à un endroit si on s'y sent bien. Mais par contre on est flexible sur la prochaine destination. On utilise Kiwi comme application de voyage et on regarde juste la météo des prochains mois puis les prix des billets d'avions."

Quels logements et espaces de travail ont-ils choisi ?

"Vu que l'on est en couple et qu'on pense à agrandir notre famille, on cherche plutôt des Airbnb, pour avoir notre espace. Les prix en Asie pour un Airbnb sont dérisoires et cela nous permet d'économiser sur une location de bureau à côté." Mais comme ils aiment sortir, ils rencontrent des locaux assez facilement.

Des derniers conseils ?

"Avant de partir, dans n'importe quel pays, il est bon d'avoir un niveau d'anglais minimum. Mon conjoint et moi avons pris des cours 4 mois avant de partir."

"Ça peut faire peur au début, surtout pour des gens qui n'ont pas voyagé, mais il faut sauter le pas, ça vaut vraiment le coup. Et je pense que sauter le pas à deux, avec son conjoint, des amis ou un associé, ça rassure et accroît les chances de le faire. Donc je dirais que la première étape, si c'est un projet que vous avez en tête et que vous hésitez trop, c'est de vous trouver quelqu'un, vous vous motiverez mutuellement."

"Dans les pays où nous voyageons, nous utilisons une carte SIM locale sur un 3ème portable qui nous permet de passer des appels locaux et de faire antenne 4G. Au niveau de la carte bancaire, nous avons gardé nos cartes françaises pour les gros achats en ligne, comme les billets d'avions et nous avons une carte N26 pour les achats du quotidien."

"Se lancer dans un tel projet avec peu d'argent est possible, pour notre part nous sommes partis à 2 avec moins de 5000€ en poche."

Clément B. - 28 ans - Fondateur d'une entreprise 100% Remote

Quel est son parcours ?

Après un BTS et un Master 'Digital Marketing' dans une école de commerce, Clément lance d'abord une première entreprise de jeux sur application mobile puis une seconde entreprise basée sur une technologie No-Code qui permet de développer rapidement des MVPs pour des Start Ups et PME.

Pourquoi avoir monté une boite 100% Remote ?

"Tout d'abord pour un souci d'acquisition de talents. Il existe encore peu de développeurs No-Code donc nous sommes obligés d'ouvrir notre spectre de recherche. Grâce à cette mentalité, nous avons réussi à dénicher des talents qu'on n'aurait jamais pu recruter sinon. Nous avons des gens basés à Paris, à Lyon, à Bruxelles, aux Antilles et même au Sri Lanka. Ces gens ont soit envie de bouger et d'avoir cette flexibilité, soit ils ont envie de rester là où ils sont, et aujourd'hui c'est possible pour eux de travailler pour une entreprise qui n'est pas proche de chez eux."

Clément fait aussi part du fait qu'être 100% remote est pour eux un avantage pour les recrutements, car les types de profils qu'ils recherchent sont souvent des gens qui ont cette mentalité "100% remote".

Quels sont les avantages et désavantages d'une boîte remote pour l'employeur ?

"Pour les employeurs ça oblige à avoir une boîte hyper saine où les gens se font confiance et communiquent bien." Parmi les autres avantages, il compte aussi une meilleure organisation et un focus plus important. "Tu ne peux pas être dérangé 10 fois dans la journée par des collègues qui viennent toquer à ta porte, te sortent la tête de ce que tu étais en train de faire pour te poser une question sur un autre sujet. Non, là ça se fait pas des chats et tu peux choisir d'être disponible pour y répondre ou pas."

Cela est aussi un gain de temps pour les trajets, que leurs employés passent soit à pouvoir plus profiter de leur vie personnelle, soit à plus travailler s'ils sont passionnés.

Cependant, il y a aussi des désavantages, comme une période d'essai beaucoup plus violente où on ne te teste pas que sur tes compétences mais aussi sur ton 'fit' à la culture 'remote', car "dans ce genre de boîte on doit avoir confiance en quelqu'un, sur le fait qu'il délivre son travail en temps et en heure." "Être un salarié 'remote' c'est avoir un savoir être qui est dur à inculquer, et qui pourrait faire perdre du temps à l'entreprise. Donc, soit tu l'as soit tu ne l'as pas. On arrive à le savoir en quelques mois."

D'autres défis que peuvent rencontrer ses boîtes sont le travail en asynchrone qui demande une organisation rigoureuse et une très bonne communication.

Que mettre en place pour pallier cette absence physique ?
"L'objectif pour une entreprise comme nous qui travaillons en asynchrone est de créer le moins de dépendance possible entre les gens pour qu'ils soient autonomes et qu'ils puissent être focalisés sur leurs tâches. Pour cela, on a des règles comme le fait de lister sa 'To-Do' dans le slack général le matin, poser ses questions à ses collègues la veille au soir pour les déranger le moins possible la journée."

Quant au manque de contacts physiques, Clément avoue qu'il pensait que cela serait un problème, mais au final ce n'en est pas vraiment un. "Les gens qui veulent travailler pour une boite 100% en télétravail font ce choix de vie car ça leur correspond". L'entreprise organise tout de même un séminaire par an pour que les gens se rencontrent et fassent régulièrement des 'Coffee Break' pour pouvoir créer des liens. "Mais le lien n'a pas besoin d'être physique".

Avez-vous des personnes en reconversion professionnelle ?
"Oui plusieurs ! On a une étudiante en langues et un ancien basketteur professionnel qui ont fait le même pari sur le No-Code que nous et qui sont maintenant développeurs chez nous. Il n'y a pas de profil type pour la reconversion, ça peut être des personnes en fin d'études où des gens qui ont déjà 15 ans de carrière dans un autre métier."

Les boîtes 100% remote seront-elles une exception ou une norme dans le futur ?

"Pour moi ça sera une norme, et les entreprises physiques en 100% seront minoritaires (pour les postes tertiaires bien sûr on ne parle pas des postes en labo ou dans les entrepôts)."

Clément fait ce pari-là parce qu'il l'a vu lui-même. Une boîte 100% physique limite l'acquisition des meilleurs talents. Et plus l'automatisation et l'IA avancent, plus les entreprises devront parier sur la qualification de leurs talents.

A cela s'ajoutent les changements de mentalités, d'habitudes et les outils de communication qui pallieront de mieux en mieux les problèmes que l'on pouvait avoir avant pour bien travailler ensemble.

Des derniers conseils ?

"Le 100% télétravail n'est pas blanc ou noir; comme le travail en présentiel, il est gris. Il y a des avantages et des désavantages. Et la pandémie à permis de mettre cela en lumière, car avant on ne voyait que les désavantages ou que les avantages."

"Les entreprises sont selon moi une solution de transition pour les grandes entreprises, d'une boîte en présentielle à une boîte en 100% télétravail, mais pas une solution à long terme. Car cela voudrait dire qu'il faut être bon dans les deux. Et avoir 2 fonctionnement différents, 2 mentalité différentes…"

"A vous de tester et de voir si vous avez la mentalité 'Remote' en proposant une boîte qui l'est et si cela vous correspond."

Conclusion

Devenir digital nomade est une superbe expérience ! Et je conseille à tous de l'essayer.

Cela peut faire peur au début, car ça ne suit pas le chemin 'traditionnel' et vous oblige à sortir de votre zone de confort... Mais ce sont aussi les meilleurs souvenirs que vous allez garder !

Je vous conseillerais cependant de vous adapter à vos envies et à ce que vous êtes capable de faire ! Certains seront nomades le temps de quelques mois, pour d'autres ça sera des années. Faites en fonction de ce qui vous convient, de ce qui vous rend heureux.

Mais le tout est d'essayer. Vous n'avez rien à y perdre, mais tout à y gagner !

Remerciements ♥

Je tiens à remercier tous les intervenants qui ont rendu cet Ebook possible.

Merci d'avoir pris le temps de me répondre, que cela soit par message, appel téléphonique ou rencontre physique.

Merci d'avoir accepté de partager avec nous votre expérience et d'avoir formulé des conseils pertinents pour les futurs nomades.

Merci pour votre coopération, votre bonne humeur et vos messages de soutien. Bonne continuation aux quatre coins du monde!

Jessica

Printed by Amazon Italia Logistica S.r.l.
Torrazza Piemonte (TO), Italy

51383018R00098